中等职业教育改革创新示范教材

汽车维护

主　编　朱汉楼
参　编　陈　晨　余　海　卞婷婷

机械工业出版社

本书共8个项目，25个任务，每个任务按照“任务情境”“任务描述”“学习领域”“行动领域”四个环节编排内容。本书主要内容包括汽车维护作业常用工量具及设备认知、汽车维护周期认识、汽车常用工作液检查、汽车日常维护、汽车发动机维护、汽车底盘维护、汽车电气设备维护、汽车售前维护，具有专业化突出、实践性和兴趣性强等特点。工作任务的设计以现代汽车维修企业的典型工作任务为载体，兼顾汽车技术的通用性，部分任务中配有详细的图解式操作步骤，图文并茂，力求符合中等职业学校学生的能力水平、认知特点和教学需要，同时注重培养学生的逻辑思维能力、独立分析问题和解决问题的能力。

本书可作为中等职业学校汽车运用与维修专业教材，也可作为爱车人士、有车人士及汽车维修人员的阅读教材。

图书在版编目（CIP）数据

汽车维护 / 朱汉楼主编. —北京：机械工业出版社，2016.2
中等职业教育改革创新示范教材
ISBN 978-7-111-53020-6

Ⅰ. ①汽… Ⅱ. ①朱… Ⅲ. ①汽车—车辆修理—中等专业学校—教材 Ⅳ. ①U472

中国版本图书馆CIP数据核字（2016）第035203号

机械工业出版社（北京市百万庄大街22号 邮政编码100037）
策划编辑：师 哲 责任编辑：崔宇菲
责任校对：纪 敬 封面设计：张 静
责任印制：李 洋
北京振兴源印务有限公司印刷
2016年4月第1版·第1次印刷
184mm×260mm·8.5印张·207千字
0001—3000册
标准书号：ISBN 978-7-111-53020-6
定价：25.00元

凡购本书，如有缺页、倒页、脱页，由本社发行部调换

电话服务
服务咨询热线：010-88379833
读者购书热线：010-88379649

网络服务
机 工 官 网：www.cmpbook.com
机 工 官 博：weibo.com/cmp1952
教育服务网：www.cmpedu.com
金 书 网：www.golden-book.com

前 言

为了满足职业教育以促进就业为导向的办学目标和要求，配合中等职业学校汽车类专业开展一体化教学的需要，我们在总结汽车类专业课程一体化改革成果的基础上编写了本书。

本书以项目工作任务为载体，以职业岗位要求为指导，通过必备知识的学习、操作技能的训练、任务内容细化实施等教学活动来组织内容。本书内容包括汽车维护作业常用工量具及设备认知、汽车维护周期认知、汽车常用工作液检查、汽车日常维护、汽车发动机维护、汽车底盘维护、汽车电气设备维护、汽车售前维护 8 个项目。每个项目都涵盖项目任务书，其中的任务按照“任务情境”“任务描述”“学习领域”“行动领域”四个环节展开。“学习领域”与“行动领域”两部分理实结合进行学习，突出学习领域与行动领域的联系，使基础知识和专业实践相结合，以提高学生的职业适应能力。项目内容选取依据本专业所对应的岗位群要求，以整车保养为载体，尽量使工作任务具体化，针对性强。

本书由朱汉楼任主编，陈晨、余海、卞婷婷参加编写。

由于编者水平有限，书中难免有不足之处，恳请读者提出宝贵的意见和建议，以求不断改进和完善。

编　者

目 录

项目一

汽车维护作业常用工量具及设备认知

项目任务书

项目名称	汽车维护作业常用工量具及设备认知
学习目标	1. 熟悉汽车维护作业常用工量具名称及使用方法 2. 能够正确使用工量具进行维护作业 3. 了解使用汽车维护作业常用工量具的注意事项
技能目标	汽车维护作业常用工量具及设备的操作要领
情感目标	通过学习汽车维护作业常用工量具及设备的应用，达到手脑并用、优化方法、先思而行的行为习惯，以及严谨操作的学习态度，并在任务中渗透安全、规范、文明操作及保护环境的要求
教学重点	汽车维护作业常用工量具及设备的操作要领和注意事项
教师活动	1. 讲解、示范作业流程、操作步骤、技术规范和安全注意事项 2. 在教学过程中，检查、指导和纠正学生实训中的错误 3. 讲解与实训项目相关的知识，不但让学生掌握操作规范，还要让他们知道为什么这样操作，做到对知识融会贯通
学生活动	1. 学生独立操作，可以针对任何需要汽车工量具的地方进行拆装 2. 完成项目测试
自我评价	○ 优　○ 良　○ 及格　○ 不及格

项目情景

一辆开了60000km的雪佛兰克鲁兹轿车，车主想去4S店做一下二级维护项目。假如你是修理工，你应该准备好哪些工量具来进行维护作业操作呢？

项目描述

传统汽车维修靠的是“三分技术，七分工具”，由此可见，正确地选用工具对汽车维修来说是何等重要，但很多维修技术人员不太重视工具的正确使用方法，使用维修通用工具不规范，导致不能顺利完成维修工作。本项目将对汽车维修通用工具的选用及使用做出详细介绍。汽车维修通用工具包括套筒、扳手、钳子、螺钉旋具、电动及气动工具等。

一、常用工具

（一）螺钉旋具

1. 一字槽螺钉旋具

一字槽螺钉旋具又称螺丝刀、平口改锥，用于旋紧或松开头部开一字槽的螺钉。一般工作部分用碳素工具钢制成，并经淬火处理。一字槽螺钉旋具由木柄、刀体和刃口组成；其规格以刀体部分的长度表示，常用规格有 100mm、150mm、200mm 和 300mm 等，使用时，应根据螺钉沟槽的宽度选用相应的规格，如图 1-1 所示。

2. 十字槽螺钉旋具

十字槽螺钉旋具又称十字改锥，用于旋紧或松开头部带十字沟槽的螺钉，材料和规格与一字槽螺钉旋具相同，如图 1-2 所示。

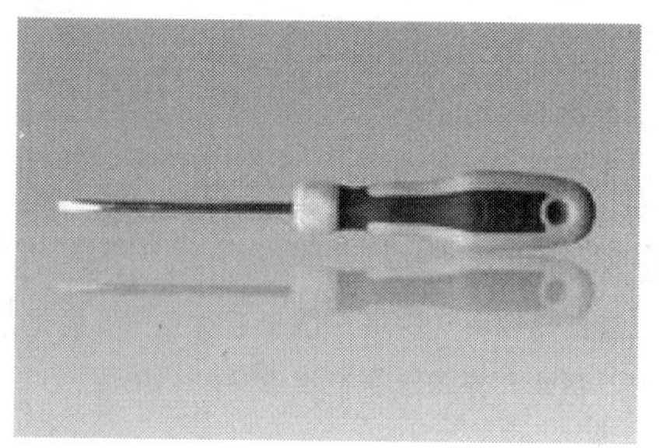

图 1-1 一字槽螺钉旋具

图 1-2 十字槽螺钉旋具

（二）普通扳手

扳手是一种常用的安装与拆卸工具，利用杠杆原理，可拧转螺栓、螺钉、螺母和其他螺纹紧持螺栓或螺母的开口或套孔固件。扳手通常在柄部的一端或两端夹住持螺栓或螺母的开口或套孔。使用时沿螺纹旋转方向在柄部施加外力，就能拧转螺栓或螺母。扳手通常用碳素结构钢或合金结构钢制造。

1. 套筒扳手

套筒扳手一般称为套筒。它由多个带六角孔或十二角孔的套筒，及手柄、接杆等多种附件组成，特别适用于拧转空间十分狭小或凹陷很深处的螺栓或螺母。套筒有公制和英制之分，套筒虽然内凹形状一样，但外径、长短都是针对对应设备的形状和尺寸设计的，国家没有统一规定，所以套筒的设计相对来说比较灵活，符合大众的需要。套筒扳手一般都附有一套各种规格的套筒头以及摆手柄、接杆、万向接头、旋具接头和弯头手柄等，用来套入六角螺母。套筒扳手的套筒头是一个凹六角形的圆筒，它通常由碳素结构钢或合金结构钢制成，套筒扳手头部具有规定的硬度，中间及手柄部分则具有弹性，如图 1-3 所示。

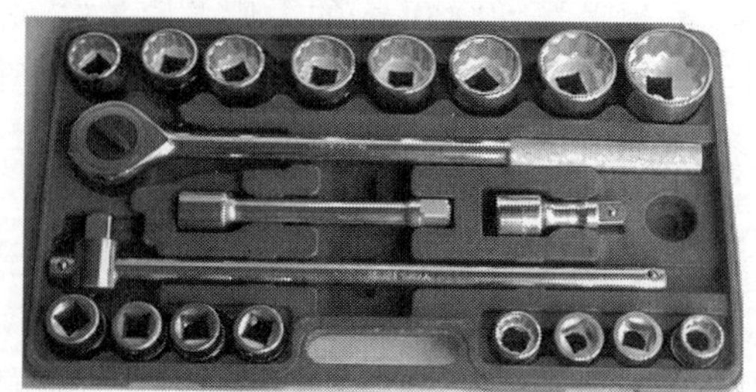

图 1-3 套筒扳手

2. 梅花扳手

梅花扳手两端呈花环状，其内孔由两个正六边形相互同心错开30°而形成。很多梅花扳手都有弯头，常见的弯头角度在10°～45°之间，从侧面看，旋转螺栓部分和手柄部分是错开的。这种结构便于拆装在凹陷空间的螺栓、螺母，并可以为手指提供操作间隙，防止擦伤，使用方法如图1-4所示。

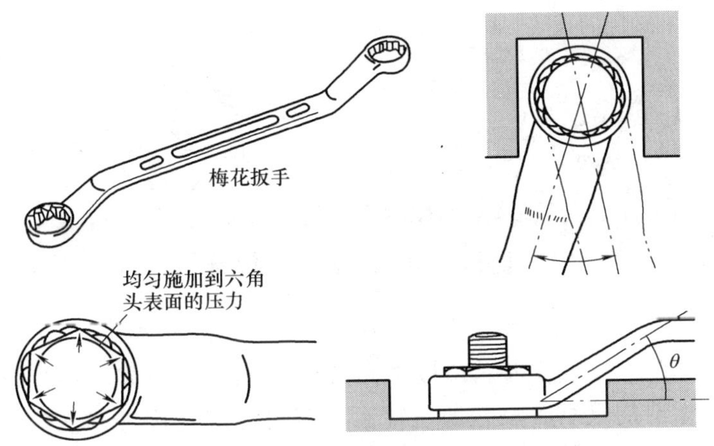

图1-4　梅花扳手及其使用方法

3. 呆扳手

呆扳手主要分为双头呆扳手和单头呆扳手。它的作用广泛，主要用于机械检修、设备装置、家用装修、汽车修理等领域，使用方法如图1-5所示。

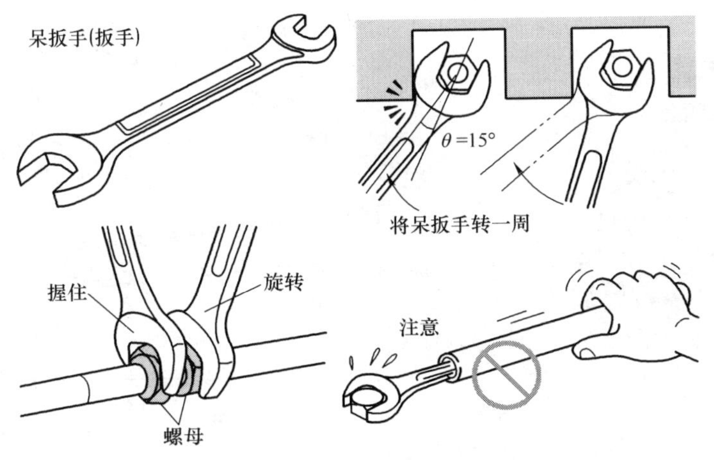

图1-5　呆扳手及其使用方法

4. 活扳手

活扳手的开口尺寸能在一定的范围内任意调整，使用场合与呆扳手相同，但活扳手操作起来不太灵活。其规格是以最大开口宽度（单位为mm）来表示的，常用的有150mm、300mm等，通常是由碳素钢或铬钢制成的，使用方法如图1-6所示。

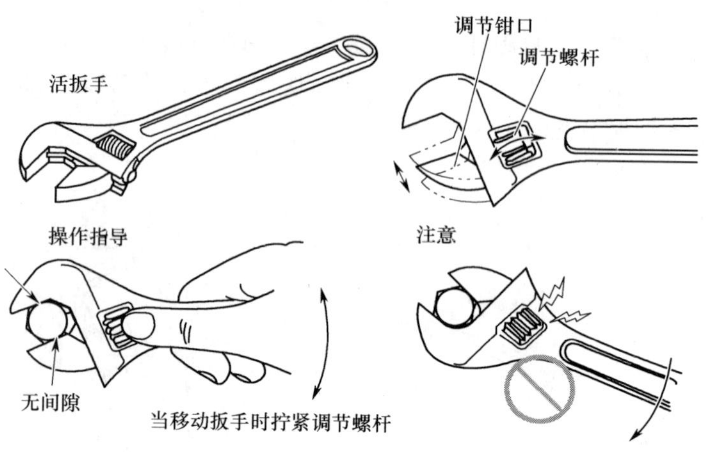

图 1-6 活扳手及其使用方法

5. 内六角扳手

内六角扳手也称艾伦扳手。内六角扳手和其他常见工具（如一字槽螺钉旋具和十字槽螺钉旋具）之间最重要的差别，是它通过转矩对螺钉施加作用力，这样大大降低了使用者的用力强度。内六角扳手如图 1-7 所示。

6. 扭力扳手

扭力扳手是用于测量扭力值大小的一种量具。它能够把负荷在测量器一头的力值通过自身的内部机构表现出来。在测量螺钉转矩、破坏扭断力及紧固螺纹件方面是一件不可缺少的工具，使用方法如图 1-8 所示。

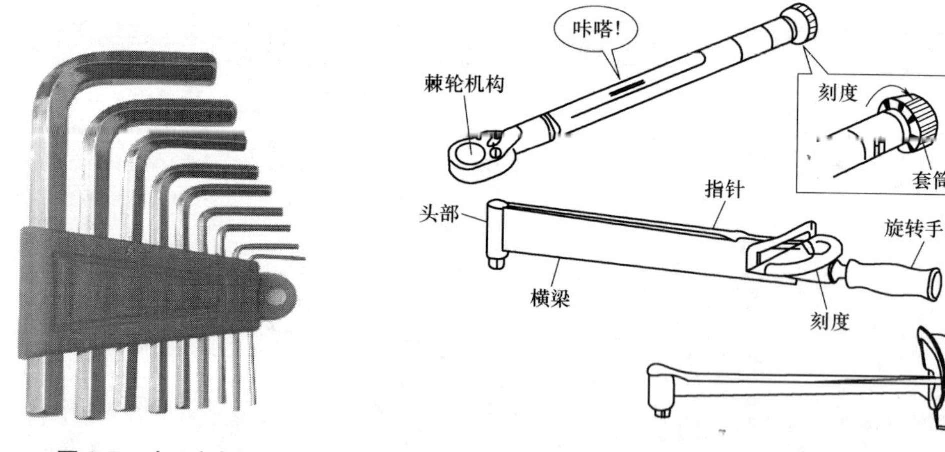

图 1-7 内六角扳手

图 1-8 扭力扳手及其使用方法

（三）锤子和钳

1. 钳工锤

钳工锤又称圆头锤。其锤头一端平面略有弧形，是基本工作面；另一端是球面，用来敲击凹凸形状的工件。钳工锤的规格以锤头质量来表示，以 0.5～0.75kg 的最为常用，锤头以 45 钢锻造，两端工作面热处理后硬度一般为 50～57 HRC，如图 1-9 所示。

图 1-9　锤子

2. 尖嘴钳

尖嘴钳又称修口钳、尖头钳。它由尖头、刀口和钳柄组成，一般由 45 钢制作，类别为中碳钢，碳的质量分数为 0.45%，韧性、硬度都合适。尖嘴钳的使用方法如图 1-10 所示。

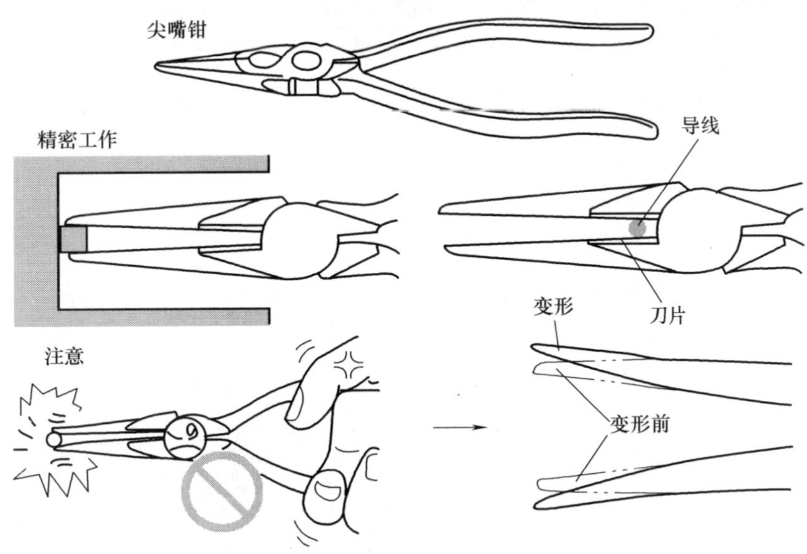

图 1-10　尖嘴钳及其使用方法

3. 鲤鱼钳

鲤鱼钳因外形酷似鲤鱼而得名，其特点是钳口的开口宽度有两档调节位置，可放大或缩小使用。主要用于夹持圆形零件，也可代替扳手旋拧小螺母和小螺栓，钳口后部刃口可用于切断金属丝，在汽修行业中使用较多，使用方法如图 1-11 所示。

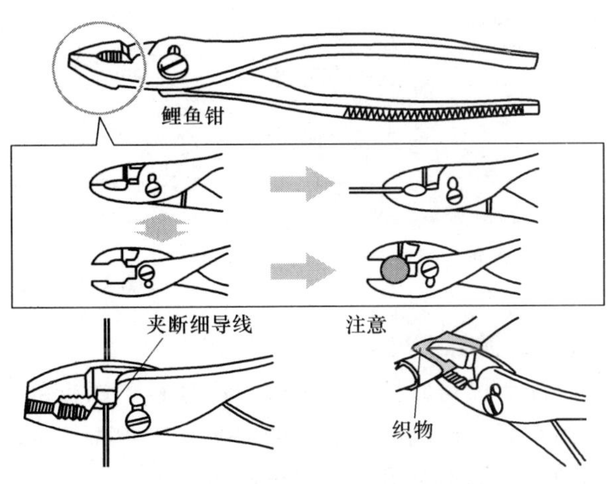

图 1-11　鲤鱼钳及其使用方法

（四）活塞环拆装钳

活塞环拆装钳用于活塞环的拆装。使用时要防止因不当操作而导致活塞环折断，如图 1-12 所示。

（五）拉力器

拉力器用来完成三项工作：把物体从轴上拉出，把物体从孔中拉出，把轴从物体中拉出，如图 1-13 所示。

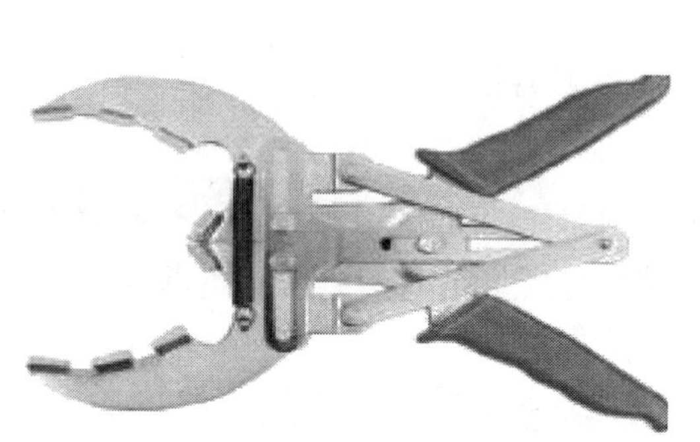

图 1-12 活塞环拆装钳

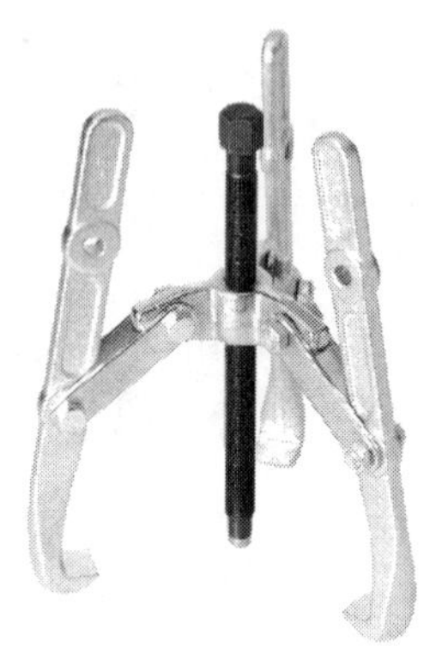

图 1-13 拉力器

二、量具、仪表类工具

（一）千分尺

千分尺是比游标卡尺更精密的测量长度的工具，用它测长度可以准确到 0.01mm，测量范围为几厘米，如图 1-14 所示。

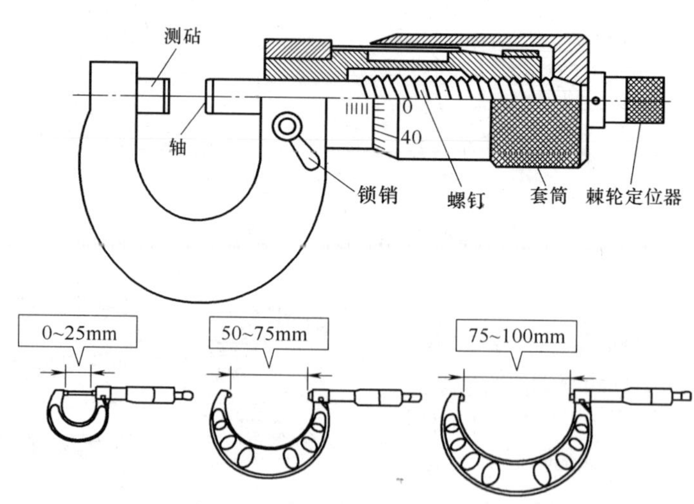

图 1-14 千分尺

（二）游标卡尺

游标卡尺是一种测量长度、内外径、深度的量具。游标卡尺由主尺和附在主尺上能滑动的游标两部分构成。主尺一般以毫米为单位，而游标上则有 10、20 或 50 个分格，根据分格的不同，游标卡尺可分为十分度游标卡尺、二十分度游标卡尺、五十分度游标卡尺等。游标卡尺的主尺和游标上有两副活动量爪，分别是内测量爪和外测量爪，内测量爪通常用来测量内径，外测量爪通常用来测量长度和外径，如图 1-15 所示。

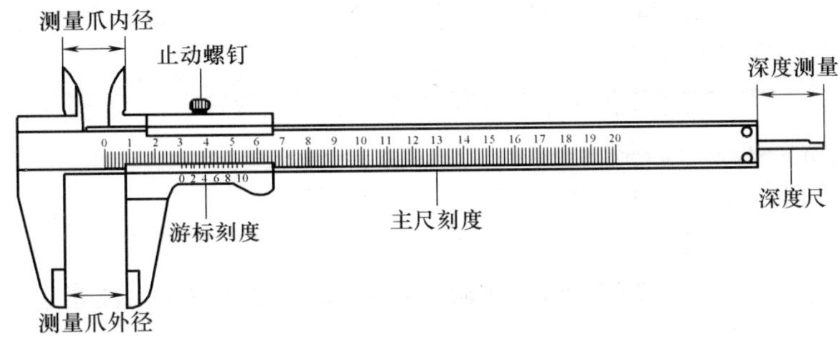

图 1-15　游标卡尺

（三）百分表

百分表是利用精密齿条齿轮机构制成的表式通用长度测量工具，通常由测头、量杆、防振弹簧、齿条、齿轮、游丝、圆表盘及指针等组成，如图 1-16 所示。

（四）轮胎气压表

轮胎气压表是一种测量轮胎内部气压的仪表，它由表头、活塞、表体、标尺、主弹簧等组成，如图 1-17 所示。

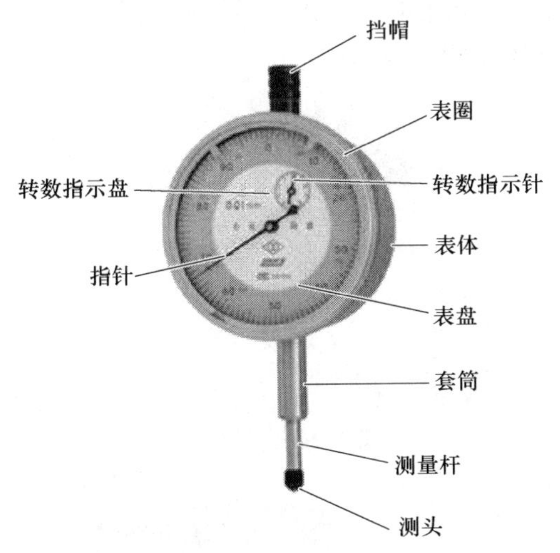

图 1-16　百分表

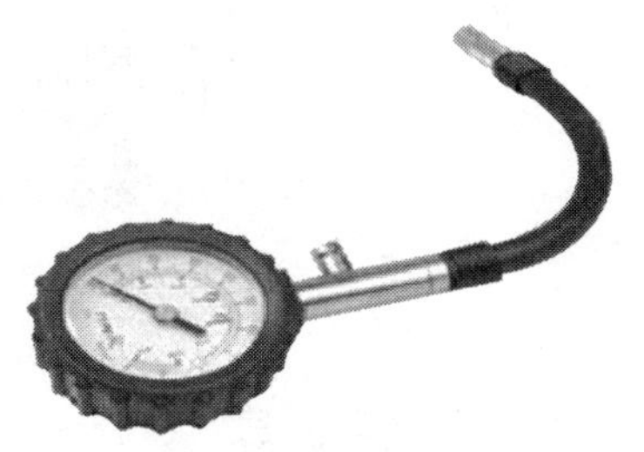

图 1-17　轮胎气压表

（五）多功能液体检测仪

多功能液体检测仪如图 1-18 所示，该检测仪为防冻液冰点、玻璃洗涤液冰点、电解液密度三合一的综合测试工具。

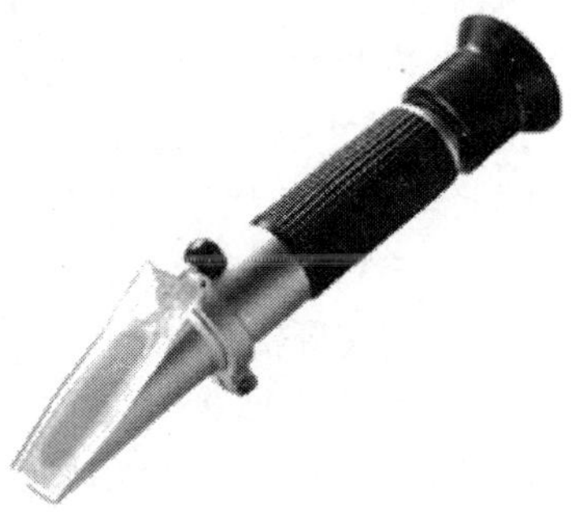

图 1-18　多功能液体检测仪

多功能液体检测仪的使用方法如下：

1）掀开盖板，用柔软绒布将盖板及棱镜表面擦拭干净。

2）校准。将蒸馏水用吸管滴于棱镜表面，合上盖板轻轻按压，调节校正螺钉，使视线与基准线重合。

3）用吸管将待测液（防冻液、玻璃洗涤液、电解液）滴于棱镜表面，合上盖板轻压，将冰点测试仪对向明亮处，旋转目镜使场内刻线清晰，读出明暗分界线在分划板上相应标尺上的数值即可。

4）读出数值后，用蒸馏水清洗吸盘和棱镜表面，然后用软绒布将盖板和棱镜表面擦拭干净。

（六）轮胎沟槽深度尺

轮胎沟槽深度尺的使用方法如下：

1）深度尺先对零（尺尖端与深度尺端面相平）。

2）将它的尖端伸入轮胎胎面的同一横截面的几个主花纹沟中，测量它的深度，得出一组数值，从中得出平均数。

测轮胎沟槽深度时，注意测量位置要避开轮胎沟槽深度的警戒位置。

（七）塞尺

塞尺是用来检验两个相结合面之间间隙大小的片状量规（图1-20），它的使用方法如下：

1）用干净的布将塞尺测量表面擦拭干净，不能在塞尺沾有油污或金属屑末的情况下进行测量，否则将影响测量结果的准确性。

2）将塞尺插入被测间隙中来回拉动，若感到稍有阻力，则说明该间隙值接近塞尺上所标出的数值；若拉动时阻力过大或过小，则说明该间隙值小于或大于塞尺上所标出的数值。

3）进行间隙的测量和调整时，先选择符合间隙规定的塞尺插入被测间隙中，然后一边调整一边拉动塞尺，直到感觉稍有阻力时拧紧锁紧螺母，此时塞尺所标出的数值即为被测间隙值。

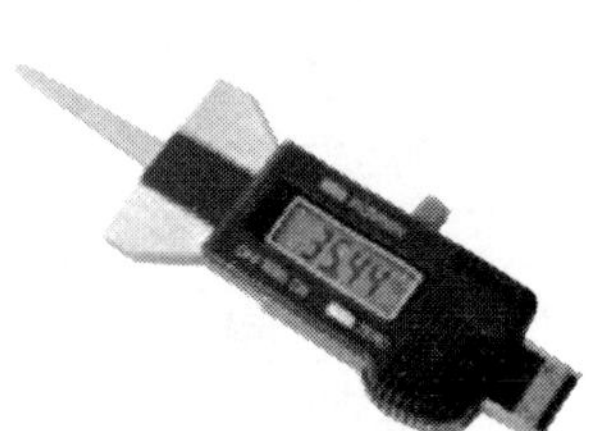

图1-19 轮胎沟槽深度尺

图1-20 塞尺

三、常用专用工具

（一）机油滤清器组合扳手

机油滤清器组合扳手如图1-21所示。

图1-21 机油滤清器组合扳手

（二）轮胎螺母拆装气动扳手

轮胎螺母拆装气动扳手如图1-22所示。

轮胎螺母拆装气动扳手的使用方法如下：

1）连接高压气体快速接头，检查气动扳手旋转方向。

2）根据实际需求，调节气动扳手旋转力矩。

（三）废油收集器

带真空吸管式废油收集器如图1-23所示。

废油收集器的使用方法如下：

1）用废油收集器从车下收集废机油。

2）通过接入高压气体产生真空，不用将汽车举升便可直接吸出需更换的油液。

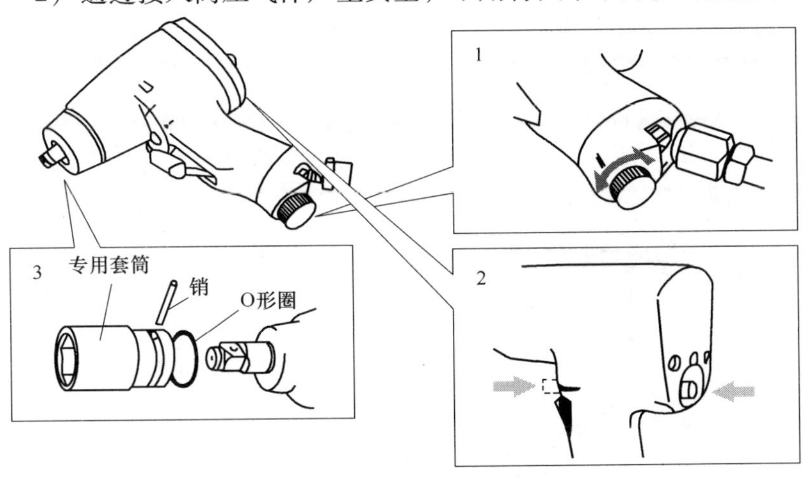

图 1-22　轮胎螺母拆装气动扳手

图 1-23　废油收集器

四、顶起设备

（一）千斤顶

千斤顶是一种用刚性顶举件作为工作装置的设备，它是通过顶部托座或底部托爪在行程内顶升重物的轻小起重设备。千斤顶主要用于厂矿、交通运输等部门，并用于车辆修理及其他起重、支撑等工作。其结构轻巧、坚固，工作灵活、可靠，一人即可携带和操作，如图 1-24 所示。

（二）起重机

发动机整体拆装离不开起重机，它具有移动使用方便、吊装能力强等特点，所以在汽车维修企业得到广泛应用。经常使用的起重机有门式、悬臂式、单轨式和梁式四种类型。在汽车拆装实训中使用最多的是悬臂式起重机，它分为机械式和液压式两大类，如图 1-25 所示。

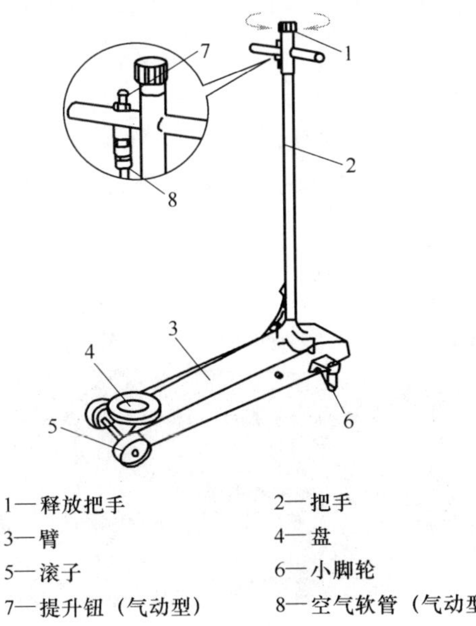

1—释放把手　2—把手
3—臂　4—盘
5—滚子　6—小脚轮
7—提升钮（气动型）　8—空气软管（气动型）

图 1-24　千斤顶

图 1-25　起重机

（三）举升机

汽车举升机是指汽车维修时用于汽车举升的汽保设备。举升机在汽车维修养护中发挥着至关重要的作用，无论整车大修还是小修保养，都离不开它，其产品性质、质量好坏直接影响到维修人员的人身安全。在不同规模的汽车维修养护企业中，无论是维修多种车型的综合类修理厂，还是经营范围比较单一的街边店（如轮胎店），几乎都配备有举升机，如图 1-26 所示。

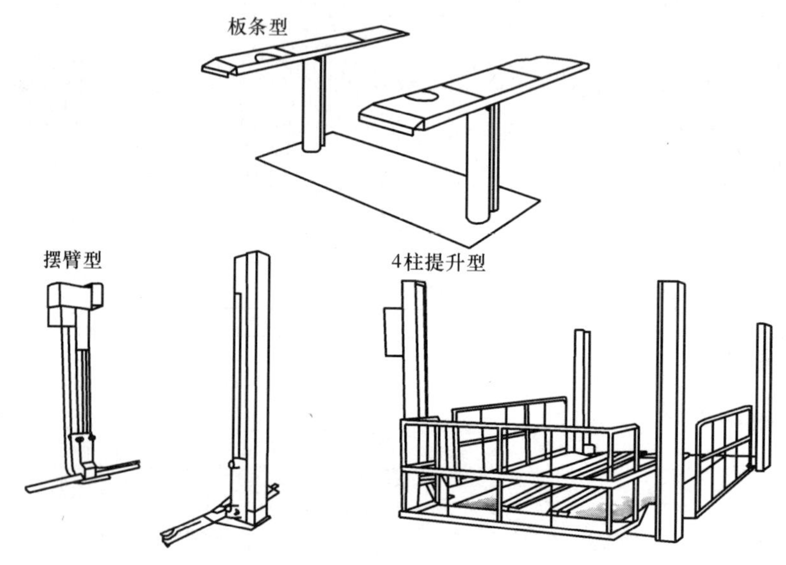

图 1-26 举升机

行动领域

本次行动主要让学生在多功能训练拆装台上选用正确的维修工具，进行螺栓的拆卸。

一、器材准备

1）把工具放置在工作台的工量具架内。清洁毛巾放置在工作台零件架的右边，如图 1-27 所示，工具必须按要求摆放整齐。并要求学生检查放置的工具是否齐全，若有缺少，及时向老师报告。

2）将训练模块安装到多功能工作台上，并检查是否有缺损，如图 1-28 所示。

图 1-27 工具摆放

图 1-28 工作台

二、清洁检查

1）清洁工作台和多功能拆装台，如图 1-29 所示。

2）清洁各工具，如图 1-30 所示。

图 1-29　清洁工作台

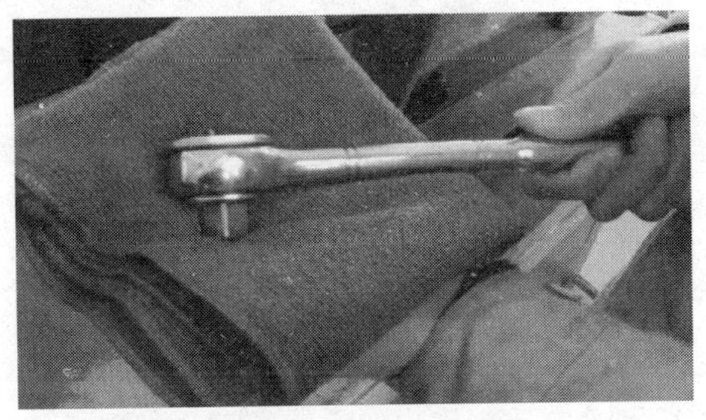

图 1-30　清洁工具

3）检查各工具，如图 1-31 所示。

三、拧松螺栓

1）用手握住专用套筒，再与指针式扭力扳手连接，如图 1-32 所示。

图 1-31　检查工具

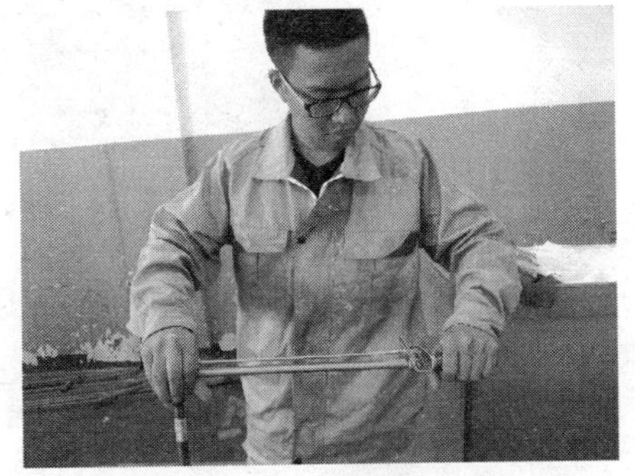

图 1-32　连接扭力扳手

2）用指针式扭力扳手旋松多功能训练台螺栓，如图 1-33 所示。

图 1-33　旋松工作台螺栓

注意：

1）旋松时，要左手握扭力扳手的手柄，右手按在扳手头部，左手手臂与扭力扳手成 90°角，往身体方向拉扳手。

2）要保证接杆、套筒垂直，并完全套住螺栓，不要倾斜以免滑脱。

3）旋松螺栓后，松开扭力扳手，并进行清洁处理。把指针式扭力扳手放回工具箱。

4）将短接杆和专用套筒连接，再与棘轮扳手连接，如图1-34所示。

注意：不同型号的棘轮扳手连接方式不同。

图1-34 连接棘轮扳手

5）将棘轮扳手锁紧机构调整到拧松位置，如图1-35所示。

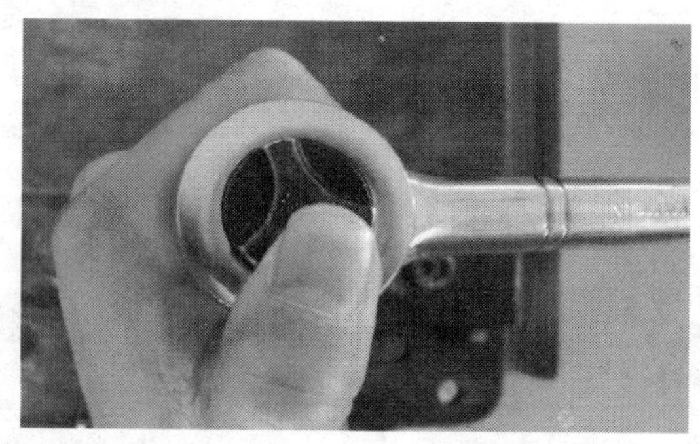

图1-35 棘轮扳手调整到拧松位置

6）右手摇动棘轮扳手的手柄，左手压住套筒与扳手的连接处，旋松气缸盖螺栓，直到螺栓完全松脱为止，如图1-36所示。

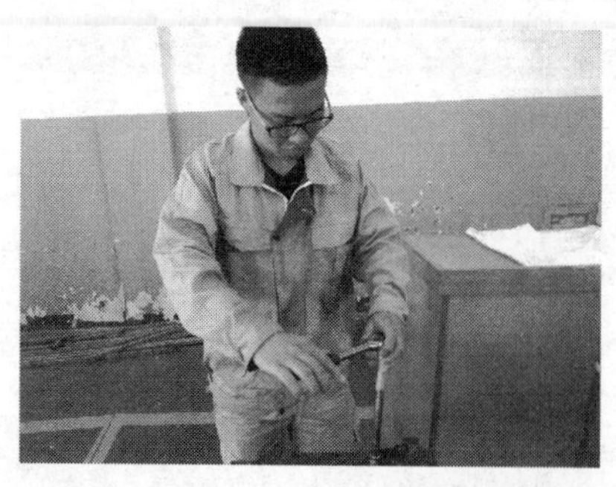

注意：摇动棘轮扳手手柄时，不允许把棘轮扳手旋转360°，一般在30°范围内摆动即可。

图1-36 正确使用工具旋松螺栓

7）分开套筒、接杆和棘轮扳手，并将其放回工作台的工量具架内。用手旋下螺栓与垫片，如图1-37所示。

8）将多功能训练台的螺栓以及垫片按照次序取出，放置到工作台上，如图1-38所示。

9）将清洁完毕后的工具放置到工作台规定位置。

图1-37　旋下螺栓、垫片

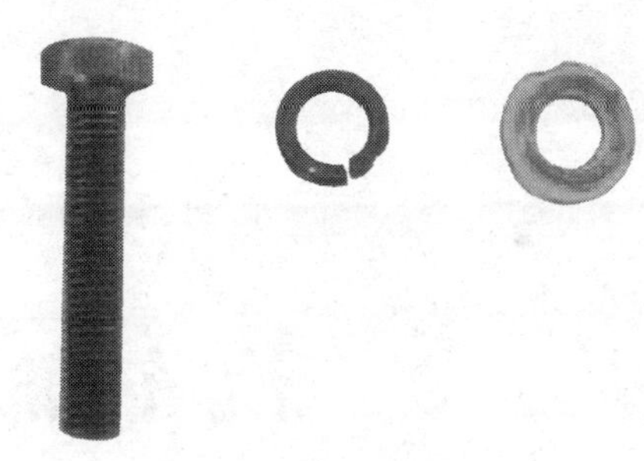

图1-38　按次摆放零件

项目二

汽车维护周期认知

项目任务书

项目名称	汽车维护周期认知
学习目标	1. 了解汽车常用维护的分类及特点 2. 理解汽车日常维护、一级维护、二级维护 3. 了解汽车部件的维护周期
技能目标	会查找维修资料，根据周期或里程进行项目合理维护
情感目标	能积极地与他人沟通，主动学习，认真观察，独立完成任务
教学重点	汽车主要部件的维护周期及项目内容
教师活动	1. 讲解维护周期内容 2. 在教学过程中，检查、指导和纠正学生资料查找的方向性错误 3. 讲解与项目相关的知识，不仅让学生掌握维护周期的项目内容，还要让他们学会如何查找相关车型的维护资料
学生活动	1. 学生团队合作，可以任何车型为例进行汽车部件维护周期的查找 2. 完成行动领域内容
自我评价	○ 优　　○ 良　　○ 及格　　○ 不及格

项目情景

一辆行驶了一定里程的北京现代轿车，车主想去4S店做一下维护，假如你是修理工，需要做好哪些项目来判断车辆的状况，并以此做好维护工作呢？

项目描述

汽车维修周期是指汽车进行一次常规维修所达到的里程，常见的维修周期有5000km、7500km、10000km。汽车维护是根据车辆各部位不同材料所需的维护条件，采用不同性质的专用护理材料和产品，对汽车进行全新的护理的工艺过程。

汽车维护主要包含了对发动机系统、变速器系统、空调系统、冷却系统、燃油系统、动力转向系统等的维护。掌握一定的汽车维护常识是车主用车的基本技能，在日常生活中，通常随着驾龄的延长，大家对汽车维护的了解也随之加深，很多问题自己可以及时发现，并能快速解决。

学习领域

汽车维护分为两种，一种是指保持和恢复汽车的技术性能，保证汽车具有良好的使用性和可靠性。正确的维护会使汽车的使用寿命延长，安全性能提高，既省钱又免去许多修车的烦恼。但是，时下“以修代保”的观念在一些驾驶员的头脑中仍旧存在，因缺乏维护或维护不当引起的交通事故屡有发生，所以，及时、正确地维护汽车是延长汽车使用寿命，保证行车安全的重要一环。汽车维护第二类是指使车身亮洁如新，由此衍生出汽车美容、清洗、装饰及改装等市场。俗话说买车容易养车难，一辆车的维护从外观到性能，都需要细心照料，这样才能持久常新。

根据维护期限来看，汽车维护分为定期维护和非定期维护两大类。

一、定期维护

定期维护分为日常维护、一级维护、二级维护。

1. 日常维护

汽车日常维护是日常性工作，由驾驶员负责完成。它的主要内容是清洁、补给、安全检视，它是保证车辆正常工作状况经常性、必需性的工作。

2. 一级维护

一级维护是由专业的修理厂完成的，它的主要内容除了日常维护外，以清洁和紧固、润滑为主，并检查有关操纵、制动等安全部件。坚持“三检”，即出车前、行车中、出车后检视车辆的安全机构及紧固连接情况。保持“四清”，即保持润滑油、空气滤清器、燃油滤清器和蓄电池的清洁。防止“四漏”，即防止漏水、漏电、漏油、漏气等。

3. 二级维护

二级维护由专业的修理厂完成，它的主要内容除一级维护外，以检查和调整万向节、转向摇臂、制动蹄片、悬架等经过一定时间使用，容易磨损或变形的安全部件为主，并拆检轮胎，进行轮胎换位，检查调整发动机工作状况和排气污染控制装置等。

一部车是由上万个零件组成的。随着使用的消耗，功能性组件（包括润滑油）的性能由于磨损、老化、腐蚀等因素而逐渐降低。在车辆正常行驶下，此种变化逐步发生在许多零件上，由于没有一部车的使用情况完全相同，所以无法预料每个零件是否具有相同的磨损与老化。因此，汽车修理厂规定了一定的检查周期，针对那些可以预料的随着时间或使用会产生变化的零部件进行调整与更换，这就是“定期维护”，其目的就是使车辆的性能恢复到最佳状况，防止小问题变成大问题，确保车辆的安全性，同时保障较好的经济性与较长的使用寿命。

二、非定期维护

非定期维护分为磨合期维护和季节性维护。

1. 每周的维护

1）检查调整轮胎气压了，清理轮胎上的杂物。另外，不要忘记对备胎的检查。

2）查看发动机各结合面有没有漏油、漏水的情况。

3）检查调整传动带的张紧程度，查看各部位的管路和导线的固定情况。

4）检查是否需要补充机油、冷却液、电解液和动力转向机油。

5）清洁散热器外表，补充风挡玻璃清洗液等。

2. 每月的维护

1）外部检查。巡视车辆外观，检查灯泡及灯罩的损坏情况；检查车体饰物的固定情况；检查后视镜的情况。

2）检查轮胎的磨损情况，接近轮胎的磨耗记号时应更换轮胎。检查轮胎有没有鼓包、异常磨损、老化裂纹和硬伤等情况。

3）清洁打蜡。彻底清扫汽车内部，清洁水箱外表面、机油散热器外表面和空调散热器外表面上的杂物。

4）检查底盘有没有漏油的现象，若发现有漏油痕迹，应马上查看各总成的齿轮油量并进行适当的补充，对底盘所有的油嘴进行充分的补脂作业。

3. 每半年的维护

1）用干净的抹布擦净分电器盖内的污物，清除分电器触点处的污物，消除触点烧蚀的斑痕，检查高速触点间隙或电子点火系统的磁极间隙，润滑分电器各润滑点。

2）三滤检查。用压缩空气吹去空气滤清器的灰尘；适时更换燃油滤清器，并清洗管路接头的滤网，适时更换机油及机油滤清器。对于国产汽车，还应清洗机油粗滤器、燃油预滤器和离心式细滤清器。

3）检查补充冷却液，清洁水箱外表面。

4）检查轮胎的磨损情况，对轮胎实施换位。检查轮毂轴承预紧情况，如有间隙应调整预紧度。

4. 一般汽车部件更换周期

表2-1是北京现代轿车汽车零部件更换周期（不同车辆型号会有所不同，仅供参考）。

表2-1 北京现代轿车维护周期表

行驶里程/km	维护项目
5000	更换机油、机滤（首保），清洁空气滤清器滤芯
10000	更换机油、机滤、空滤
15000	更换机油、机滤、空滤，清洗节气门及怠速阀，检查驱动轴防尘套、空调滤芯
20000	更换机油、机滤、空滤，清洗进气道，四轮换位并动平衡，检查轮胎
25000	更换机油、机滤、空滤，清洗喷油嘴
30000	更换机油、三滤，清洗节气门及怠速阀，检查驱动轴及防尘套、空调滤芯
35000	更换机油、机滤、空滤，检查四轮制动片
40000	更换机油、机滤、空滤、制动油、离合油、自动变速器油（自动档）、分动箱油（途胜四驱）、炭罐、炭罐滤芯、火花塞及分缸线，清洗进气道，四轮换位并动平衡，检查轮胎
45000	更换机油、机滤、空滤，清洗节气门及怠速阀，检查驱动轴防尘套、空调滤芯
50000	更换机油、机滤、空滤，清洗喷油嘴、发动机润滑系统（50000km清洗以后每30000km清洗一次）
55000	更换机油、机滤、空滤

（续）

行驶里程/km	维护项目
60000	更换机油、三滤、转向油、防冻液、正时带（4年60000km或2年80000km）、汽油泵过滤器，清洗节气门怠速阀、进气道、三元催化系统，四轮换位并动平衡，检查驱动轴防尘套、空调滤芯、轮胎
65000	更换机油、机滤、空滤
70000	更换机油、机滤、空滤，正时带（途胜）
75000	更换机油、机滤、空滤，清洗喷油嘴、节气门及怠速阀，检查驱动轴防尘套、空调滤芯
80000	更换机油、机滤、空滤、手动变速器油、制动油、离合油、自动变速器油（自动档）、后桥油（途胜四驱）、炭罐、炭罐滤芯、火花塞及分缸线、正时带（4年60000km或2年80000km），清洗进气道、发动机润滑系统，四轮换位并动平衡，检查轮胎、氧传感器
备注	1）以上检查项目，必要时更换 2）四轮定位检测调整（视况），刮水器建议两年更换一次 3）空气净化器滤芯每年检查一次（视况更换） 4）北京现代车型可长途免费检测 5）全车油液更换周期为相关行驶里程数或两年，以先到者为准

行动领域

1）充分利用图书馆、阅览室、电教室等多种资源查找资料，并做好记录。

2）在指导教师的统一安排下，查找某车型的全部维修资料、维护要求、使用说明和驾驶维护注意事项。

3）学会利用网络资源，快速查找指导教师安排的某车型的维修资料维护周期。

4）合理使用教材或正式出版物上的维修资料。

项目三

汽车常用工作液检查

项目任务书

进行轿车维护时，首先要熟悉汽车各种常用工作液的种类（图 3-1）及选用，能够判断各种工作液的大致颜色（图 3-2），以及常用工作液的车体位置和检查方法。

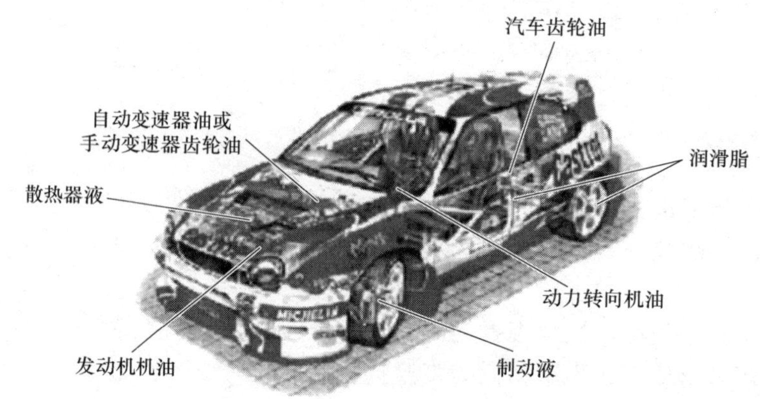

图 3-1　汽车常用工作液种类

图 3-2　汽车常用工作液的大致颜色

瓶中汽车工作液从左到右的顺序是：机油（透明色或金黄色）、自动变速器油（红色）、手动变速器油（淡黄色）、动力转向油（淡红色）、制动液（琥珀色）、防冻液（金、绿、红）、玻璃清洗液（蓝、绿、红）。

项目名称	汽车常用工作液检查
学习目标	1. 掌握汽车机油、制动液、自动变速器油的牌号和使用性能 2. 掌握汽车防冻液、洗涤液的特性和使用要求
技能目标	掌握常用工作液的检查方法
情感目标	通过学习常用工作液的检查方法，培养学生积极学习、严谨操作的学习态度，并在任务中渗透安全、规范、文明操作及保护环境的要求
学习重点	1. 学会正确检查汽车机油、制动液、自动变速器油 2. 学会正确检查防冻液、洗涤液
教师活动	1. 讲解和示范作业流程、操作步骤、技术规范和安全注意事项 2. 在实训过程中，检查、指导和纠正学生实训中的错误 3. 讲解与实训项目相关的知识，不但让学生掌握操作规范，还要让他们知道规范操作的目的，做到对知识融会贯通
学生活动	1. 学生分组训练，每组4人。一名学生操作，另一名学生进行操作前的准备工作，其他两名学生检查评分 2. 操作完成后，互换角色，由另一名学生完成实训项目
自我评价	○ 优　　○ 良　　○ 及格　　○ 不及格

任务一　机油的检查

任务情景

车主张先生平时做事比较粗心，对于上次汽车换机油的时间和里程都没有做好记录，但是他在行车过程中感觉到要换机油了，于是来到修理厂进行检查。如果你是修理工，应该如何判断机油品质的好坏，如何进行检查？

任务描述

此任务涉及机油方面的理论知识和判断方法，一般是根据周期和里程作为更换机油的依据。比如有些车型二次保养之后，每6000km或者半年更换一次机油，但这是通常的判断方法，有些车开了8000km也没出现故障，甚至1年也没有问题。本任务将对如何判断机油是否应更换的标准进行介绍。

学习领域

一、机油的作用

机油，即发动机润滑油，被誉为汽车的“血液”，能对发动机起到润滑、清洁、冷却、密封、减磨、防锈和防蚀等作用。发动机是汽车的心脏，发动机内有许多相互摩擦运动的金属件，这些件运动速度快、工作环境差，工作温度可达400～600℃。在这样恶劣的工况下，只有合格的润滑油才可降低发动机零件的磨损，延长使用寿命。

1. 润滑

机油在运动零件的所有摩擦表面之间形成的油膜，可减小零件之间的摩擦。

2. 冷却

机油在循环过程中流过零件工作表面，可以降低零件的温度。

3. 清洁

机油可以带走摩擦表面产生的金属碎末，并冲洗掉沉积在气缸、活塞、活塞环及其他零件上的积炭。

4. 密封

附着在气缸壁、活塞及活塞环上的油膜，可起到密封防漏的作用。

5. 防锈

机油有防止零件发生锈蚀的作用。

其他作用还有：①减振缓冲，当发动机气缸口压力急剧上升时，加剧了活塞、活塞销、连杆和曲轴轴承上的负荷，这个负荷经过轴承的传递润滑，使承受的冲击负荷起到缓冲的作用；②抗磨：摩擦面加入润滑剂，能使摩擦因数降低，从而减少了摩擦阻力，节约了能源消耗，减少磨损。

习惯上把高温、高压下的边界润滑称为极压润滑。机油在极压条件下的抗磨性称为极压性。

二、机油的选用与认识

目前，市场上销售的各种品牌的机油产品有数百个之多，国际品牌像美孚旗下的埃索、美孚1号、壳牌、道达尔等，也有国内品牌如长城、昆仑、康普顿等。从价格上看，从几十元到几百元，甚至上千元一桶，各种级别和黏度标识专业性强且繁多，使得车主在选用机油时的难度大大增加。

（一）机油分类

我国发动机润滑油采用API使用性能分类法和SAE黏度分类法。

1. API分类及选用

API是美国石油协会的英文缩写，API等级代表发动机机油质量的分类。它规定了油品级别从A开始，越到后面代表油品越好，目前的最高级别为M级。

（1）分类

1）汽油机油定为S系列，按产品性能分类为SA、SB、SC、SD、SE、SF、SG、SH、SJ等，产品质量依次提高。

2）柴油机油定为C系列，按产品性能分类为CA、CB、CC、CD、CE、CF、CG、CH等，产品质量依次提高。

（2）选用

1）SL级别的机油适用的车型：奔驰、宝马、保时捷、沃尔沃等豪华车型。

2）SJ级别的机油适用的车型：奥迪、福特、别克、帕萨特、本田、现代等中高档车型。

3）SG级别的机油适用的车型：捷达或长期在外行驶的出租车等轿车。

4）SF级别的机油适用的车型：夏利、云雀、桑塔纳、富康、长安之星、奥托等车型。

2. SAE 分类法及选用

SAE 是美国汽车工程师学会的英文缩写，SAE 等级代表油品的黏度等级。按照黏度分类法，机油有单黏度级和多黏度级之分。只能满足一组黏度特征要求的机油为单级机油，它包括单级冬用机油和单级夏用机油。能够满足两组黏度特征要求的机油，为多级机油，一年四季通用。目前生产的机油几乎全部是多级机油。

（1）黏度分类及适用　机油黏度分类及适用情况见表 3-1。

表 3-1　机油黏度分类及适用

黏度级号（W）	适用气温范围/℃
0W-20	-45 ~ 20
5W-20	-35 ~ 20
10W-30	-30 ~ 30
10W-40	-30 ~ 30 以上
15W-30	-25 ~ 30
15W-40	-15 ~ 40 以内
20W-30	-20 ~ 30
20W-40	-20 ~ 30 以上
10W	-15 ~ 10
40	15 ~ 40

（2）机油选用举例　例如，15W-40 为黏度级别，W 是 Winter 的缩写，代表冬季，W 前面的数字越小，其低温黏度越小，低温流动性能越好，汽车起动就越容易，该机油适用的最低气温就越低。W 后面的数字越大，则该油高温时（如高速路上长途行驶）黏稠性越好，生成的油膜强度更高，防护作用更佳，该机油适用的最高气温就越高。SG 15W-40 可在 -15 ~ 40℃的范围内使用。

目前最好的机油级别为 SM 0W-50，该机油能在 -35 ~ -50℃的范围内使用。

（二）机油品牌认识

1. 专车专用机油

1）大众汽车的专用机油如图 3-3 所示。

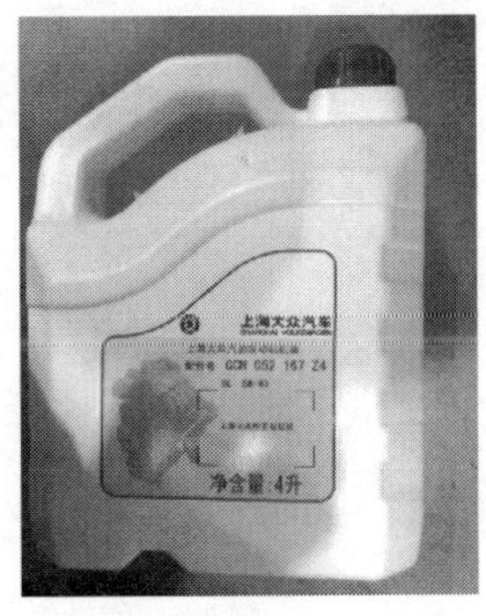

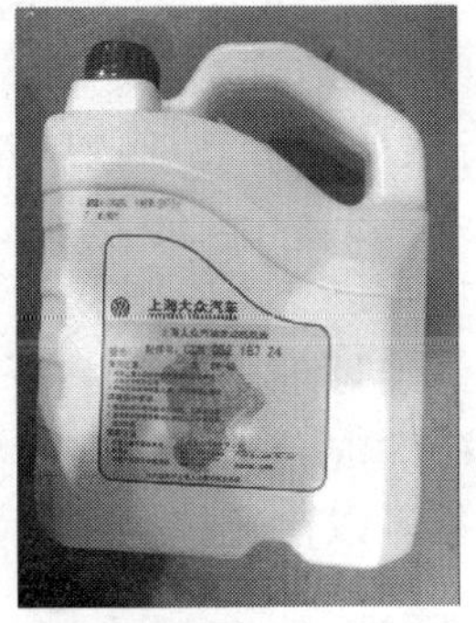

图 3-3　大众汽车的专用机油

2）现代汽车的专用机油如图3-4所示。

3）别克汽车的专用机油如图3-5所示。

4）丰田汽车的专用机油如图3-6所示。

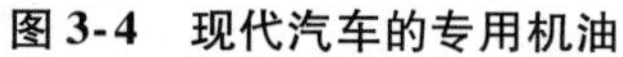
图3-4 现代汽车的专用机油

图3-5 别克汽车的专用机油

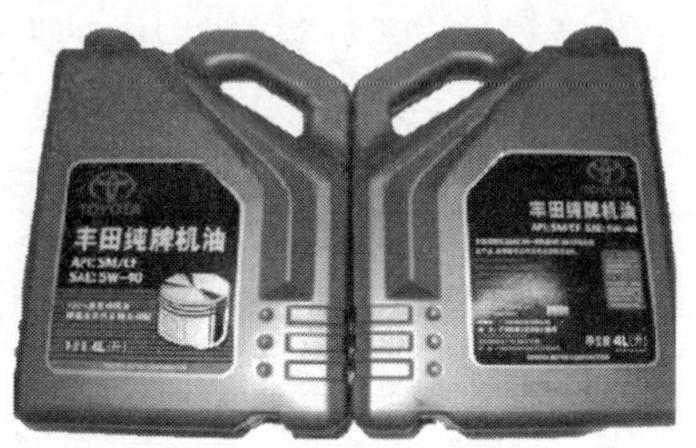

图3-6 丰田汽车的专用机油

2. 品牌机油

目前常用的品牌机油有美孚（图3-7）、昆仑（图3-8）、壳牌shell、长城、统一、道达尔TOTAL、嘉实多Castrol、碧辟BP、加美润滑油等。

图3-7 美孚机油

图3-8 昆仑机油

（三）真假辨别

（1）要看包装外观　正品油封盖是一次性盖子，缺口处有封口锡纸，锡纸上均有厂家特殊标记，无这些特点，有可能是假油。

另外，正品油为了防假冒，在标签贴纸、罐底、罐盖内侧、把手等不显眼处均有特殊标记，如果不法分子造假，只要对比两个外包装就可分辨。

（2）观察油品　正品油色浅透明，无杂质、无悬浮物、无沉淀物，晃动时流动性较好。假油或油色较深，或有杂质沉淀物，或味浓有刺激性，晃动时流动性较差，用手摸有拉丝现象。

假冒油品一般有三类：

1）采用回收的废油经处理后灌装上市；

2）采用单纯的基础油混合，不加任何添加剂；

3）购买低档油灌装，以次充好。一般都将假机油的颜色调至与真油相当。

三、机油的更换周期

许多新车在一般驾驶情况下，如果用合成机油，基本上可以每10000km更换一次机油，有些甚至可以拖到20000km。汽车维修专业人士认为，“一般驾驶”指的是经常在高速公路上行驶，很少停停走走的，但如果常在城市驾车，走到哪里都有红绿灯，动不动就堵车，而且每一趟的行驶路程大多数又不超过十几公里，这种驾驶就属于“耗损性驾驶”。

1. 正常周期更换

汽车厂商一般在卖车时都会随车附赠一本汽车维修保养手册，手册内有明确的车辆换油里程/换油周期，大部分车辆都在5000～10000km。一般达到规定的换油里程就应换油，部分高档类车辆，当达到换油里程时车内会出现换油提示。

2. 非正常周期更换

实际驾驶中，路况、车况、机油品质都会影响到换油周期。如长期在市区驾驶，汽车停车起步频繁，会加剧发动机磨损，加快机油污染，因此须缩短换油周期。

车主可定期对爱车的机油状况进行检测。用机油尺沾少许机油放在手指上，如机油呈黑色，非常稀薄，并含有沙砾，说明此时的机油已变质，须立即更换。

1）发动机内部积炭胶质较多，新机油加入后很容易被污染，引起色变和质变，因此换油周期应适当缩短。

2）低级别的机油在苛刻的工况下的稳定性较差，变质快，而且容易生成积炭。从爱护车辆的角度出发，如果使用这类机油，应将换油周期缩短为3000km甚至更短。最好还是使用随车手册推荐的机油，否则由于使用低级别的机油，而使换油周期缩短，也未必省钱。

3）环境对机油也有一定的影响。高温、极寒和灰尘较多的环境都容易加快机油的变质。

四、常见误区

误区一：什么时候机油变黑了就该换油了。

这种理解并不全面。对于没有加清净分解剂的机油来说，颜色变黑的确是油品已严重变质的表现，但汽车使用的机油一般都加有清净分解剂。这种清净分解剂将黏附在活塞上的胶膜和黑色积炭洗涤下来，并分散在油中，减少发动机高温沉淀物的生成。故机油使用一段时间后颜色容易变黑，但这时的油品并未完全变质。

误区二：机油能多加就多加。

机油量应该控制在机油尺的上、下刻度线之间为好。因为机油过多就会从气缸与活塞的间隙中窜入燃烧室燃烧形成积炭。这些积炭会提高发动机压缩比，增加产生爆燃的倾向；积炭在气缸内呈红热状态还容易引起早燃，落入气缸会加剧气缸和活塞的磨损，还会加速污染机油。其次，机油过多增大了曲轴连杆的搅拌阻力，使燃油消耗增大。

误区三：添加剂用处大。

真正优质的机油是具备多种发动机保护功能的成品，配方中已含有多种添加剂，其中包括抗磨剂，而且机油最讲究配方的均衡，以保障各种性能的充分发挥。自行添加其他添加剂不仅不能给车辆带来额外保护，反而易与机油中的化学物质发生反应，造成机油综合性能的下降。

误区四：机油经常添不用换。

经常检查机油是正确的，但只补充不更换只能弥补机油数量上的不足，却无法完全补偿机油性能的损失。机油在使用过程中，由于污染、氧化等原因质量会逐渐下降，同时还会有一些消耗，使数量减少。

五、识别机油含水的方法

（1）观色法　清洁达标的机油呈淡黄色。当机油中含有水时，发动机运转一段时间后，机油呈乳白色，并伴有泡沫。

（2）燃烧法　把铜棒烧热后放入被检查的机油中，若有“噼啦”声，则说明机油中含有较多的水。也可将被检查的机油注入试管中加热，当温度接近80～100℃时，试管中产生“噼啦”声，则证明机油中含有较多的水。

（3）放水法　发动机停机后，静止30min左右，松开放油螺塞，若有水放出来，则说明机油中含有较多的水。

行动领域

检查发动机机油的方法如下：

1）在水平路面起动车辆并达到正常温度，熄火后5min，发动机处于冷车状态，保证机油回流到油底壳，如图3-9所示。

图3-9　检查前流程

2）拔出机油尺，如图3-10所示。

3）为确保得到的机油液位准确，先使用一块干净的布擦净机油尺，如图3-11所示。

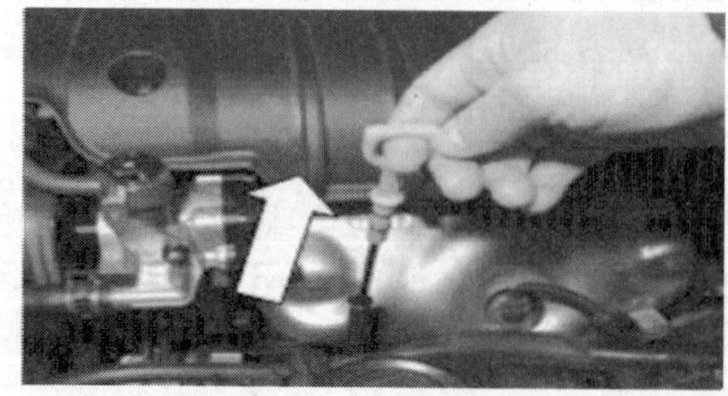

图3-10　拔出机油尺

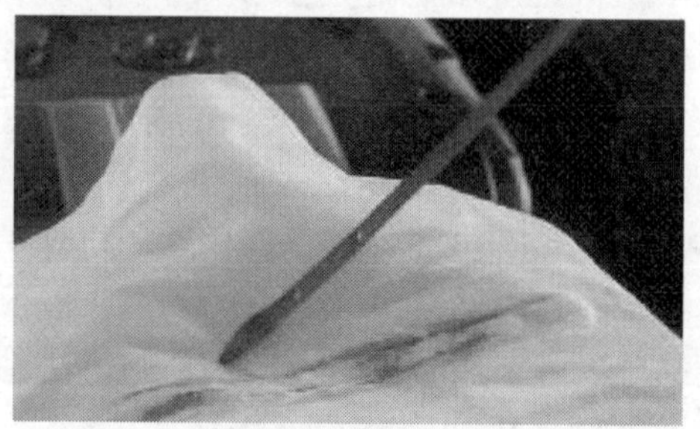

图3-11　擦净机油尺

4）放回机油尺，如图3-12所示。再次拔出机油尺，如图3-13所示。

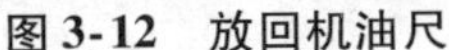

图 3-12　放回机油尺

图 3-13　再次拔出机油尺

5）观察发动机机油液位，液面位置在油尺的最高液面（MAX）和最低液面（MIN）之间属于正常，如图 3-14 所示。

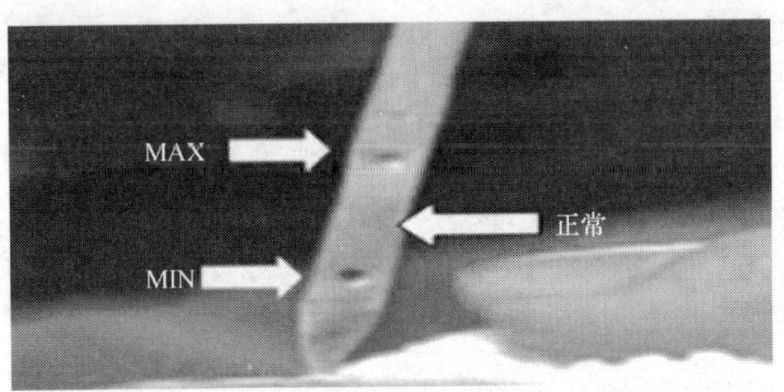

图 3-14　机油液位

提示： 拔出机油尺时，应尽量为垂直位置，这样可以防止机油流动，避免产生误差。

6）干净正常的机油如图 3-15 所示。

7）变质的机油需更换，如图 3-16 所示。

图 3-15　干净正常的机油

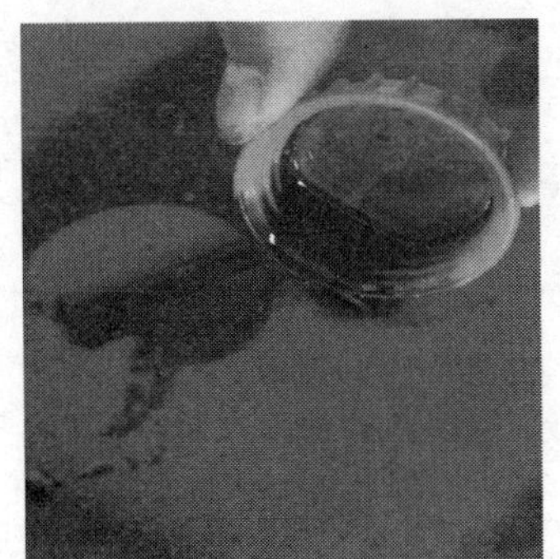

图 3-16　变质的机油

任务二　制动液的检查

任务情景

车主莫先生是一位爱车之人，自己平时开车非常注意车辆的保养，车子开了五年了，性能还是比较好。但是近期莫先生通过平时的感觉和开车的体会，总感觉自己车子的制动性能并不是很好，同时，他也发现仪表盘上的制动报警灯也在间歇性闪烁。他非常着急，于是来到4S店进行维修。

任务描述

制动系统是行车过程中的重中之重，一不小心就会导致车祸，行车过程中制动报警指示灯闪烁，就意味着制动系统中出现了故障，要及时给予维修。维修人员检查制动系统之后，认为是莫先生的爱车的制动液量偏少了。本任务主要让学生了解并掌握制动液的品质和检查方法。

学习领域

一、制动液

制动液是汽车液压制动系统中传递制动压力的液态介质，用在采用液压制动系统的车辆中。制动液又称制动油或迫力油，它的英文名为 Brake Fluid，是制动系统实现制动不可缺少的部分。在制动系统之中，它是一个传递力的介质，因为液体是不能被压缩的，所以从总泵输出的压力会通过制动液直接传递至分泵中。

二、制动液的分类与选择

（一）制动液的分类

1. 国外制动液的规格标准

常用的进口制动液有 DOT3 和 DOT4 两种。DOT 是美国汽车安全标准规定标称，其数字越大，级别越高。DOT3 与 DOT4 的不同之处主要在于沸点不同，DOT4 比 DOT3 更耐高温。制动液的性能指标见表 3-2。

表 3-2 制动液的性能指标

	工作情况	DOT3	DOT4
沸点（平衡环流点）	干	205℃以上	230℃以上
	湿	140℃以上	155℃以上

DOT3 和 DOT4 级制动液是非矿物油系，是以聚二醇为基础，乙二醇及乙二醇衍生物为主的醇醚型合成制动液，并加入了润滑剂、稀释剂、防锈剂、橡胶抑制剂等调合而成，也是各国汽车使用最普遍的一种制动液。

这种制动液吸湿性较强。制动系统虽然进不了水分，但制动液使用一段时间以后会吸收相当量的水分。制动液中水分越多，沸点越低。为了保证行车安全，制动液应定期更换（一般需 2 年更换一次）。由于制动液会吸收水分，所以放置多年的已开封的制动液不要再用。

2. 国产制动液的品种、牌号和规格

国产制动液依据其平衡回流沸点，可分为 JG0、JG1、JG2、JG3、JG4、JG5 六个质量等级，字母后的数字越大，则平衡回流沸点越高，高温抗气阻性越好，行车制动安全性越高。

目前国内还在使用的制动液按原料不同分类，有合成型、醇型和矿油型三种。按原石油部标准生产的合成型制动液有4603、4603-1和4604等牌号。4603和4603-1号合成制动液适用于各类载货汽车的制动系统，4604则适合于高级轿车的制动系统。醇型汽车制动液分为1号和3号两个牌号，它是以乙醇或丁醇及篦麻油为原料，因其抗阻性和低温流动性达不到要求，行车安全性差，已被淘汰。矿油型制动液具有良好的润滑性，无腐蚀性，但对天然橡胶有溶胀作用。

（二）制动液品牌

1. 专车专用制动液

1）大众汽车的专用制动液如图3-17所示。

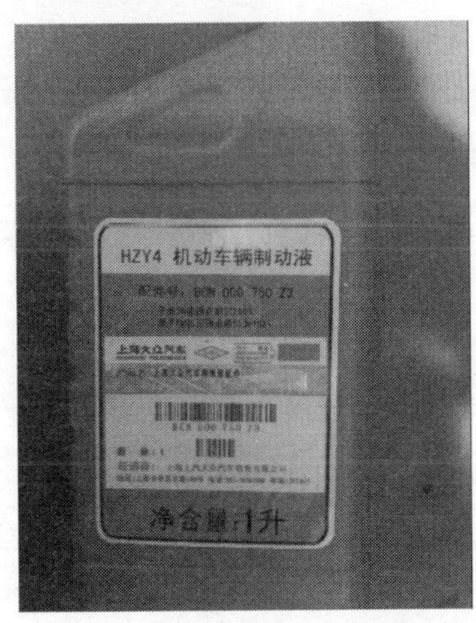

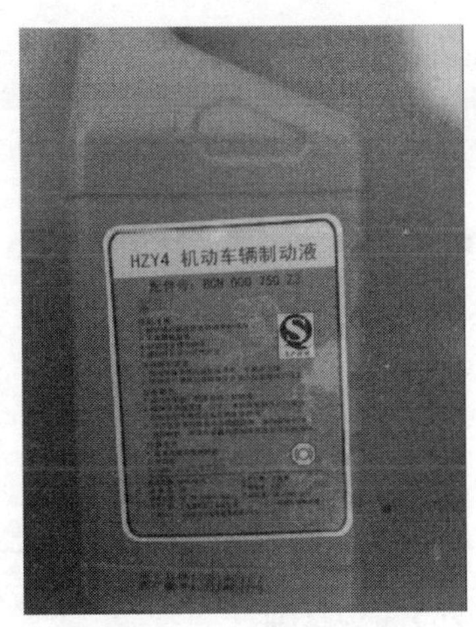

图3-17　大众汽车的专用制动液

2）丰田汽车的专用制动液如图3-18所示。

3）别克汽车的专用制动液如图3-19所示。

图3-18　丰田汽车的专用制动液

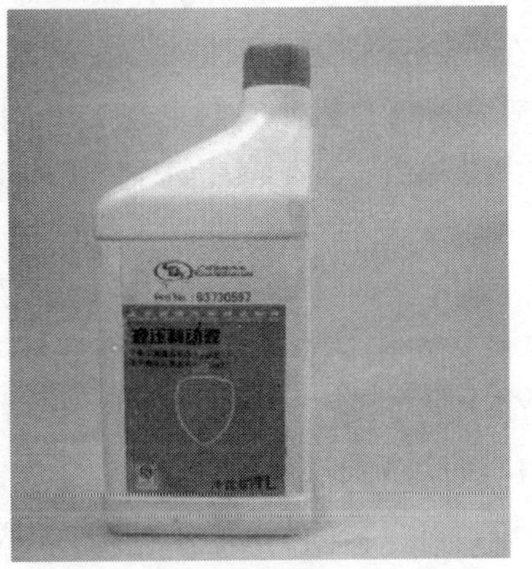

图3-19　别克汽车的专用制动液

2. 品牌制动液

品牌制动液见表3-3。

表 3-3 品牌制动液

制动液名称	实物包装
嘉实多 Castrol Brake Fluid DOT4 嘉车宝制动液	
美孚 Mobil Brake Fluide DOT3 制动液	
道达尔 TOTAL HBF 4 DOT 4 制动液	

（三）制动液的选购原则

1）尽可能购买长期为汽车厂提供配套制动液的生产厂家的产品，确保质量可靠，性能稳定。

2）尽量到具有合格资质的大型销售场所购买，以防伪劣产品。最好使用专业设备进行更换，这样才更彻底，不至于残留杂质，同时避免出现气阻。

3）在种类选择上，最好考虑选合成制动液，不要购买已淘汰的醇型制动液。

4）制动液具有吸水特性，会出现沸点降低及不同程度的氧化变质。长时间不更换会腐蚀制动系统，给行车安全带来隐患。建议车主一般每两年或者 40000km 必须更换一次制动液。

5）制动液级别越高越好。制动液级别越高，安全保障性越好。一般情况下，微型、中低档汽车适宜选用符合 HZY3 标准的制动液，也可选 HZY4 标准的制动液，而中高档车建议选用 HZY4 标准的制动液（HZY3、HZY4 均为合成制动液国家标准）。

（四）制动液的选择方法

1）由于制动系统中的密封件为橡胶皮腕，长期浸泡在制动液中会发生化学变化，造成皮腕膨胀或收缩，从而影响制动性能，因此应选择与橡胶配伍性良好的制动液。

2）高温性能，也就是制动液高温下抗气阻的能力，用“平衡回流点”这一指标来考察。某种制动液的平衡回流点越高，说明其高温性能越好，同时也说明其质量级别越高。

3）制动液的低温性能，也就是制动液低温时的流动性能，用 40℃时制动液的运动黏度来考察。如果在该温度下制动液黏度过高，就会影响制动力的传递。

4）由于汽车制动系统中不少零部件都是金属材料制成的，因此好的制动液应加入各种防腐蚀的添加剂，这样才能防止制动系统被腐蚀。

三、汽车制动性检查

汽车制动性是指汽车行驶时能在短距离内停车且维持行驶方向不变和在坡道上长时间保持停驻的能力。汽车制动性是汽车的重要性能之一，它的好坏直接关系到交通安全。因此汽车制动性是汽车检测的重点。

（一）鼓式制动器的检查

1）检查制动鼓的内径。标准内径为200mm，最大内径为201mm。

2）用直尺测量制动蹄片衬面厚度。标准厚度为4mm，最小厚度为2.5mm，如果厚度小于标准值或出现严重的磨损不均匀，则应更换。

3）检查制动鼓与制动蹄衬面是否正常接触。在制动鼓内表面涂上粉笔灰后，将制动蹄与鼓内表面贴合，进行研磨，如果出现鼓与蹄片衬面接触不良，则应继续研磨或更换制动蹄。

4）检查制动分泵是否漏油。

（二）盘式制动器的检查

1）检查制动片的衬面厚度，用直尺测量衬面厚度，标准厚度为11mm，最小厚度为4mm。

2）检查制动盘的厚度，用外径千分尺测量制动盘厚度，标准厚度为18mm，最小厚度为16mm。

3）检查制动磨损指示器钢片，确保磨损指示器钢片有足够的弹性和无变形破裂或磨损，把所有锈蚀、脏物和其他杂物清除干净。

4）检查制动盘摆动。

（三）制动液的区别与更换条件

1. 制动液的区别

DOT3：吸收水分快，沸点较低，只适用于要求DOT3的车型。

DOT4：吸收水分较慢，沸点较高，只适用于要求DOT3/DOT4的车型。

DOT5：几乎不吸收水分，沸点高，只适用于极少数DOT5的车型。

2. 制动液的更换条件

当制动液使用一段时间后，需要采用专用工具检测沸点，并根据检测结果决定是否需要更换，以保证制动系统正常工作。

检测结果：如果制动液沸点高于160℃，则为正常；如果制动液沸点低于160℃，制动片小于2mm，有气泡产生，或者行驶里程超过20000km（2年以上），或者制动偏软、忽重忽轻，则需要更换。

行动领域

检查制动液的方法如下：

1）油量在制动储液罐上的“MAX”和“MIN”之间为正常油量，如图3-20所示。

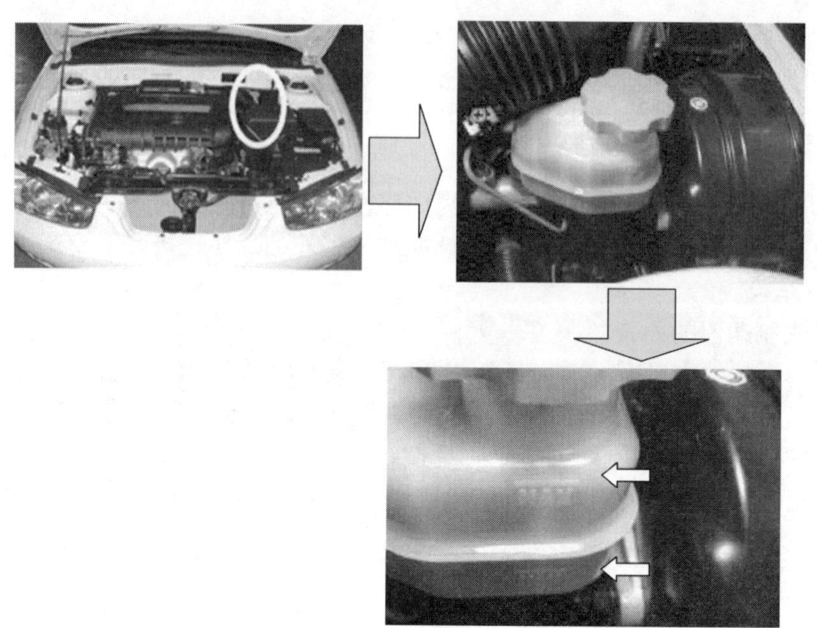

图 3-20　制动储液罐的位置及刻度

2）制动液在“MAX”和“MIN”之间时检查制动片（制动液在“MIN”以下时，会点亮制动提示灯），如图 3-21 所示。

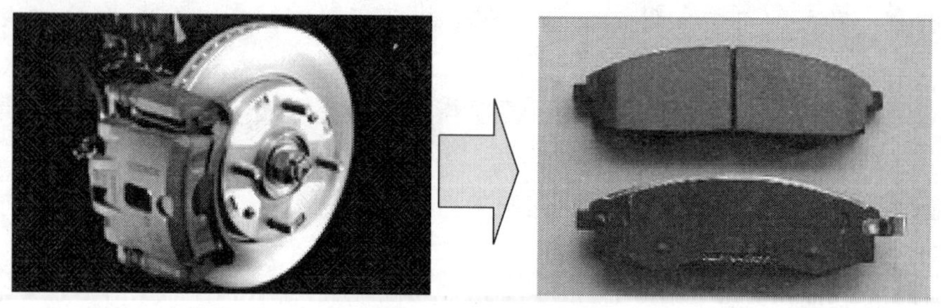

图 3-21　制动片的检查

提示：汽车制动系统一般有摩擦衬片自动调整机构，衬片磨损后，该机构可自动调整间隙。因此，在制动系统使用过程中，制动液液面可能略微下降，这种情况属于正常现象。如果短期内下降明显，或降至最低标记以下，则表明系统出现泄漏，应立即检修。

任务三　ATF 的检查

任务情景

车主王先生对自己的车子维护方面并不太了解，每次做维护时都是接到汽车服务中心的电话提醒而去做维护。但是近期他发现自己的车子换档不那么顺畅，操作感觉不太好，有时制动性能也不是很灵敏，于是来到 4S 店进行维修。

任务描述

对于王先生爱车的故障，首先考虑的是底盘系统问题，经过一系列检查发现制动系统没有任何异常，当检查到变速器时，发现 ATF 偏少，且油液呈深红色，接近黑色，车辆故障在于 ATF 需要及时更换。本任务是让学生了解 ATF 的品质和检查方法。

学习领域

一、ATF

自动变速器油简称 ATF（Automatic Transmission Fluid），是专门用于自动变速器的油液。自动变速器是高度精密的动力传输装置，装备有许多精密部件，如液力变矩器、行星齿轮系、液压控制阀及复杂而细小的油道等，这些对 ATF 的污染和温度变化非常敏感，如果缺少科学专业的维护，变速器会出现工作粗暴、换档困难等故障，且其维修费时、费力、费用昂贵。

二、ATF 在自动变速器中的作用

1）通过液力变矩器将发动机的动力传递给变速器。

2）通过电控、液控系统传递压力和运动，完成对各换档元件的操纵。

3）冷却。将变速器中的热量带出并传递给冷却介质。

4）润滑。对行星齿轮机构和摩擦副进行强制润滑。

5）清洁运动零件，并起密封作用。

三、ATF 的特性

1. 适当的黏度

ATF 的使用温度为 -40 ~ 170℃，由于其温度范围很宽，且自动变速器对其工作油的黏度极其敏感，所以黏度是 ATF 重要的特性之一。不同种类变速器所需要的 ATF 黏度也不相同，因此不能随意地更换车辆使用的 ATF，避免由于 ATF 黏度与自动变速器黏度要求不适应而出现不良反应。

当使用 ATF 的黏度偏大时，不仅影响变矩器的效率，而且可能造成低温起动困难；当使用 ATF 的黏度偏低时，会导致液压系统的泄漏增加。特别是当变速器在高速工作时，铝制件膨胀量大，此时黏度小则可能引起换档不正常。

2. 良好的热氧化安定性

ATF 的热氧化安定性是使用中的一个极为重要的问题。和机油一样，油品的氧化安定性直接决定着 ATF 的使用寿命和自动变速器的使用寿命。因为 ATF 的使用温度很高，如果热氧化安定性不好，就会导致形成油泥、清漆、积炭和沉淀物等，从而造成离合器片和制动片打滑，控制系统失灵等故障的发生。

3. 良好的抗泡沫性

ATF 产生泡沫，对于传动系统危害很大，这是由 ATF 的工作性质所决定的。目前普遍采用的液力变矩器和变速器是同一油路系统供油的。因此，ATF 既是变矩器传递功率的介质，又是变速器自动控制的介质和润滑冷却的介质。泡沫可导致变矩器传递功率下降，它的

可压缩性能导致液压系统压力波动和油压下降，严重时可使供油中断。油中混入大量空气，实际是减少了润滑油量。这些气泡在压缩过程中，温度升高，又加速了油品老化，影响了油品使用寿命，且导致机件加速磨损。

4. 良好的抗磨性能

只有良好的抗磨性能才能保证行星齿轮中各齿轮具有良好的传动性；使离合器片工作效能大大提高；也可让自动变速器延长使用寿命。

5. 良好的摩擦特性（换档性能）

良好的摩擦特性是保证传动齿轮各零件工作平顺的关键，进而降低噪声，延长零件的使用寿命。

6. 防腐（防锈）**性能优良**

在传动装置和冷却器中安装有铜接头、黄铜轴瓦、黄铜过滤器及止推垫圈等部件。这些部件中均含有大量的有色金属。因此，ATF 必须保证不会引起铜腐蚀和其他金属生锈。

四、各种 ATF 举例

1. 专车专用 ATF

1）大众汽车的专用 ATF 如图 3-22 所示。

2）别克汽车的专用 ATF 如图 3-23 所示。

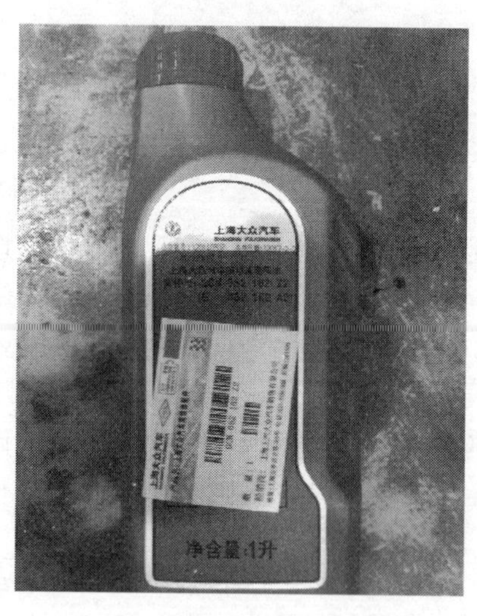

图 3-22 大众汽车的专用 ATF

图 3-23 别克汽车的专用 ATF

3）丰田汽车的专用 ATF 如图 3-24 所示。

2. 品牌 ATF

1）美孚 ATF 3309 如图 3-25 所示。

2）道达尔 DEXRON 3 ATF 如图 3-26 所示。

3）嘉实多嘉车保自动传动液如图 3-27 所示。

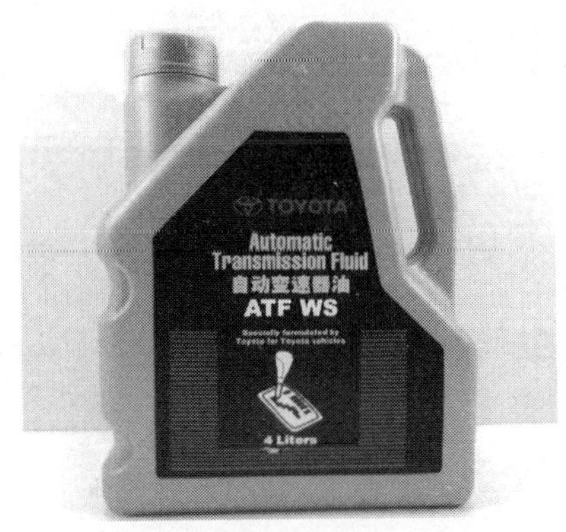

图 3-24　丰田汽车的专用 ATF

图 3-25　美孚 ATF 3309

图 3-26　道达尔 DEXRON 3 ATF

图 3-27　嘉实多嘉车保自动传动液

五、ATF 的更换

1. 定期更换的好处

可以使换档顺畅，改善操控性能；产生良好的抗氧化性，减少机件的锈蚀；良好的极压添加成分，为齿轮组提供极佳的保护；提供最佳的防磨作用，延长自动变速器的使用寿命。

2. 注意事项

应到 4S 店通过专业的循环清洗机彻底清洗自动变速器，检查自动变速器管路和底壳是否变形或漏油。

行动领域

一、检查 ATF 液位

由于自动变速器的结构特点不同，其油液面高度的检查方法也不同。一般常用的是油尺检查法。

油尺分为双刻线、三刻线和四刻线三种，如图 3-28 所示。

1. 双刻线油尺检查步骤

1）检查自动变速器油面高度之前，应起动发动机，使发动机处于怠速运转或行车状态，

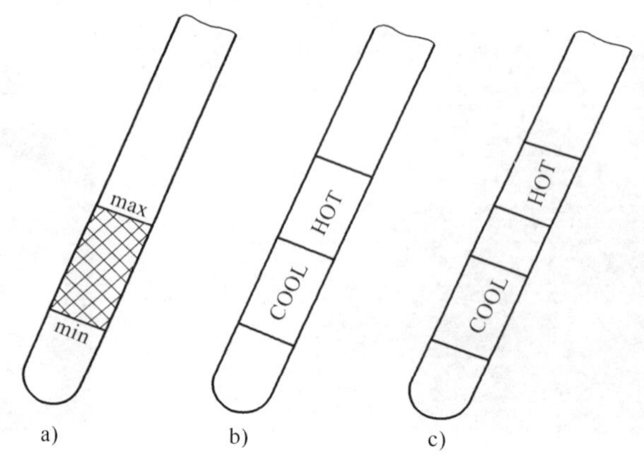

图 3-28　三种自动变速器油面高度检查油尺

a）双刻线油尺　b）三刻线油尺　c）四刻线油尺

使自动变速器油温达到正常温度（50～80℃），如图 3-29 所示。

图 3-29　起动发动机并怠速运转

2）将车辆停放在平坦的路面上，拉紧驻车制动，保持发动机怠速运转。将选档手柄分别置于各个档位停留片刻，以便各控制阀油箱、油道充满自动变速器液压油。最后将操纵手柄置于 P 位或 N 位，如图 3-30 所示。

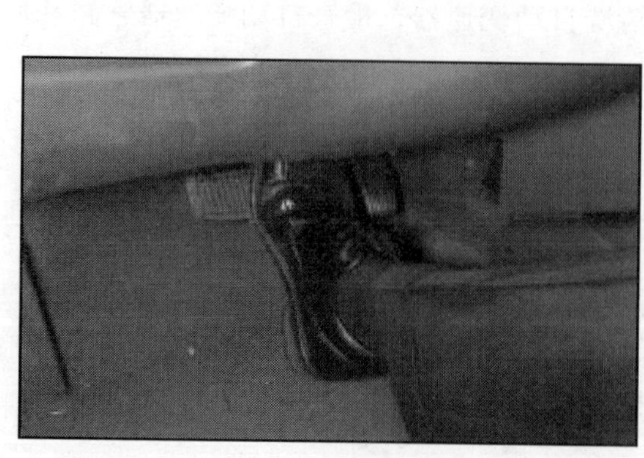

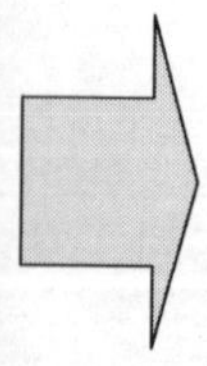

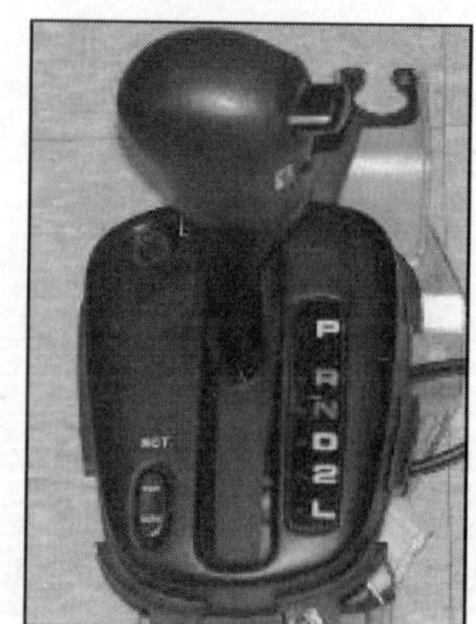

图 3-30　保持怠速，将档位置于各档

3）打开油尺锁定杆，拉出油尺，用干净的布擦拭后完全插入，拉出油尺检查油面高度，油面应在“MAX”和“MIN”之间。检查完后插回油尺，并将其锁定，如图3-31所示。

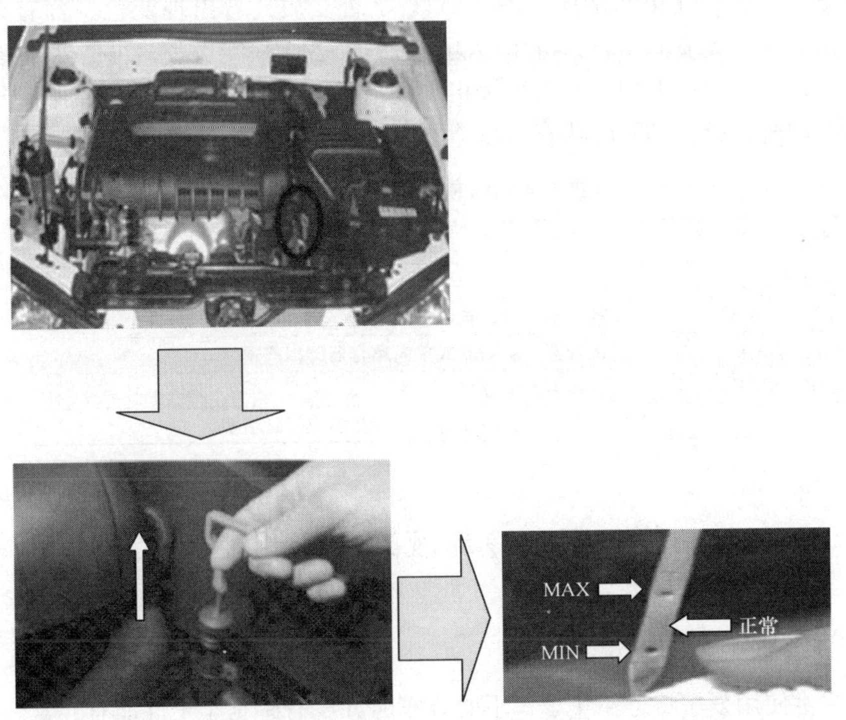

图3-31 检查机油油面高度

2. 三刻线和四刻线油尺的检查方法

三刻线油尺（图3-32）上对应两个区间，下方的“COLD”区间为油温低于0℃时的冷态油面范围，上方的“HOT”区间为油温50～80℃时的热态油面范围。四刻线油尺（图3-33）上对应三个区间，最下方的“COOL”区间为冷态油面范围，最上方的“HOT”区间为热态油面范围，中间为正常油温的油面范围。

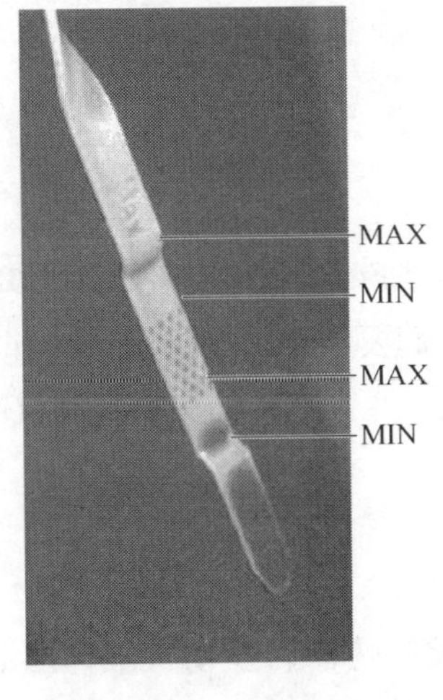

图3-32 三刻线油尺

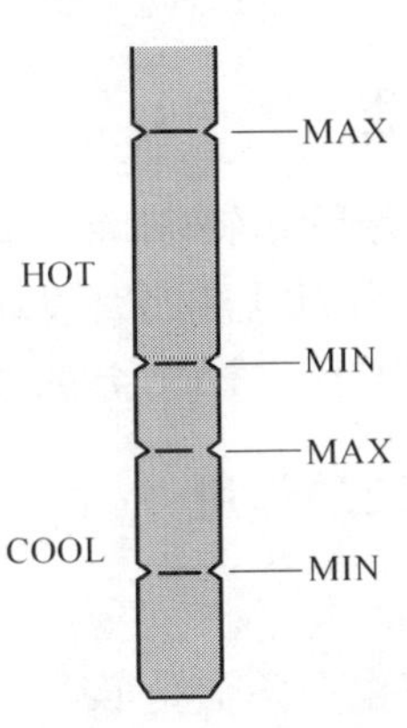

图3-33 四刻线油尺

二、检查油质

检查油质、颜色、气味和杂质，确认 ATF 是否变质，若出现变色、含有杂质等现象，则应立即更换。油液品质的检查，可用检测仪进行，若无检测设备，可从外观判断。拔出油尺，用干净的纸擦拭油尺上的油液或用姆指与食指搓捻油液，以便检查油液品质。此项可与检查液面高度同时进行。ATF 的状态与故障原因见表 3-4。

表 3-4 ATF 的状态与故障原因

油液状态	原因
油液清洁呈红色	正常
油液呈深红色或褐色	换油不及时，长期重载运行，离合器或制动器打滑，油温过高
油液中有金属颗粒	离合器、制动器或单向离合器磨损严重
油尺上黏附胶状物质	变速器油温过高
有焦臭味	油温过高，油面过低，冷却器或管路堵塞

任务四 冷却液的检查和补加

任务情景

车主黄先生使用爱车将近 4 年了，平时开车时并没有感觉车子性能有异常。但是，有一次他开车的速度比较高，行驶里程比较长，他发现水温指针偏高，达到红色区域，且行驶时不太顺畅。于是，他驾车到服务区休息了一会儿后，车子性能又恢复正常了。

任务描述

此故障主要反映水温偏高可能出现的问题，当水温偏高时，首先要考虑冷却液品质的好坏和数量的多少。经过一系列检查后，发现冷却液颜色异常，液面高度偏低。本任务是让学生了解冷却液品质的好坏和检查的方法。

学习领域

一、冷却液

冷却液的全称是防冻冷却液，意为有防冻功能的冷却液，冷却液可以防止寒冷季节停车时，冷却液结冰而胀裂散热器和冻坏发动机气缸体，但是我们要纠正一个误解，冷却液不仅是冬天用的，它应该全年使用，汽车正常的维护项目中，每行驶一年左右，需更换发动机冷却液一次。

二、冷却液的作用

1. 冬季防冻

为了防止汽车在冬季停车后，冷却液结冰而造成散热器、发动机缸体胀裂，要求冷却液的冰点应低于该地区最低温度 10℃左右，以备天气突变。

2. 防腐蚀

冷却系统中散热器、水泵、缸体、缸盖和分水管等部件是由钢、铸铁、黄铜、纯铜、铝、焊锡等金属组成的，由于不同金属的电极电位不同，在电解质的作用下容易发生电化学腐蚀。同时，冷却液中的二元醇类物质分解后形成的酸性产物和燃料燃烧后形成的酸性废气也可能渗透到冷却系统中，加速冷却系统腐蚀。冷却系统腐蚀会使散热器的下水室、喷油嘴隔套、冷却管道、接头以及排管发生故障，同时腐蚀产物会堵塞管道，引起发动机过热甚至瘫痪。若腐蚀穿孔，冷却液渗入燃烧室或曲轴箱会产生严重的破坏，因为当冷却液或水与机油混合时，产生油污和胶质，削弱润滑，使得阀、液压阀推杆和活塞环粘结。因而，冷却液中都要加入一定量的防腐蚀添加剂。

3. 防水垢

冷却液在循环中应尽可能地减少水垢的产生，以免堵塞循环管道，影响冷却系统的散热功能。因此，在选用和添加冷却液时，应该慎重。首先，应该根据具体情况去选择合适配比的冷却液。其次，添加冷却液，要使冷却液液面达到规定的位置。

4. 高沸点（防开锅）

符合国家标准的冷却液，沸点通常都超过105℃，比水能耐受更高的温度而不沸腾（开锅），在一定程度上满足了高负荷发动机的散热冷却需要。

三、冷却液的分类与选用

（一）冷却液的分类

冷却液由水、防冻剂、添加剂三部分组成，按防冻剂成分不同可分为酒精型、甘油型、乙二醇型等。

1）酒精型冷却液是用乙醇作防冻剂，其优点是价格便宜、流动性好、配制工艺简单，但缺点是沸点较低、易蒸发损失、冰点易升高和易燃等。因此，现已逐渐被淘汰。

2）甘油型冷却液沸点高、挥发性小、不易着火、无毒、腐蚀性小，但降低冰点效果不佳，且成本高、价格昂贵，致使用户难以接受，只有少数北欧国家仍在使用。

3）乙二醇型冷却液是用乙二醇作防冻剂，并添加少量抗泡沫、防腐蚀等综合添加剂配制而成。乙二醇易溶于水，可以任意配成各种冰点的冷却液，其最低冰点可达－68℃，这种冷却液具有沸点高、泡沫倾向低、黏温性能好、防腐和防垢等优点，是一种较为理想的冷却液，目前国内外发动机所使用的和市场上所出售的冷却液，几乎都是这种乙二醇型冷却液。

压缩机冷媒有时也被称为冷却液。

（二）冷却液的选用

1. 专车专用冷却液

1）大众汽车的专用冷却液如图3-34所示。

2）别克汽车的专用冷却液如图3-35所示。

3）丰田汽车的专用冷却液如图3-36所示。

2. 品牌冷却液

1）美孚防冻液、冷却液、防腐蚀浓缩液。

2）长城FD—2汽车多效防冻液如图3-37所示。

稀释使用时，应使用纯净水或蒸馏水。不可任意添加不同型号的防冻液和水，不同型号的防冻液不宜混用，以免引起化学反应、沉淀或产生气泡，损害橡胶密封，并造成水泵水封及焊缝处出现漏水现象。防冻液是有毒的，必须将其储存于原装的容器中。

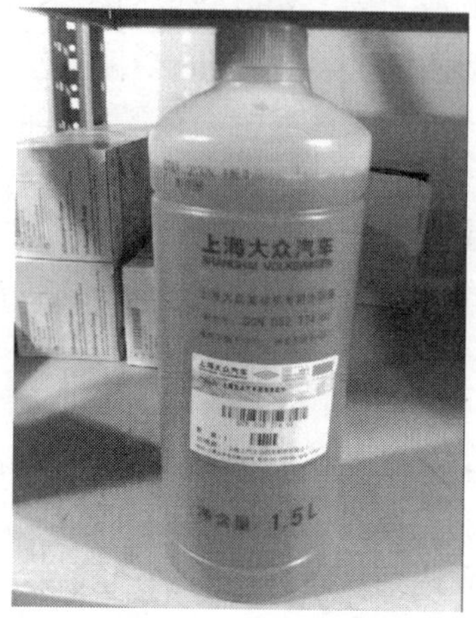

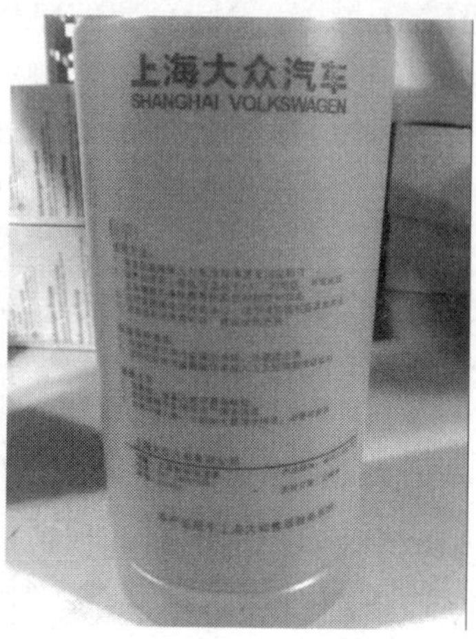

图 3-34 大众汽车的专用冷却液

图 3-35 别克汽车的专用冷却液

图 3-36 丰田汽车的专用冷却液

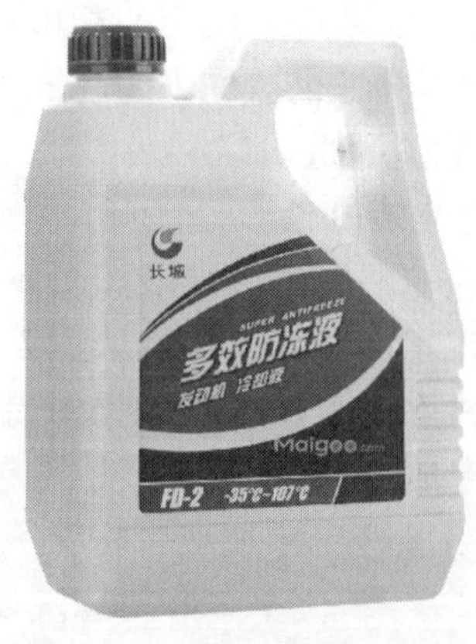

图 3-37 长城 FD-2 汽车多效防冻液

四、注意事项

1）要坚持常年使用冷却液，这样能够保证传统发动机正常工作的冷却液温度值为80～90℃。但对于电控发动机来说，由于其高转速、高压缩比和高功率的工作特点，其机械负荷及热负荷较大，摩擦热较高，因而对冷却液正常工作温度的要求已提高到95～105℃，这与人们形成的传统发动机冷却水“正常水温”观点不同。除此之外，那种只想在冬季使用的观点是错误的，因为冷却液不仅具有防冻功能，而且能起到防腐、防沸、防垢等作用。

2）选用冷却液时，其冰点要低于环境最低温度10℃左右。汽车配件市场上的冷却液种类多，劣质冷却液大多使用醇和水混合后添加色素制成，其内无任何冷却液应该具有的添加剂，其沸点在90℃左右，腐蚀性较强，易导致发动机过热现象的发生。

优质冷却液颜色醒目、清亮透明且无异味。用烧杯加热冷却液，温度表测量其沸点，沸点在100℃以上才为优质冷却液，沸点不足100℃者为仿造品。

行动领域

一、冷却液的检查

1）车辆停放在水平路面。

2）冷车状态下冷却液位置在辅助散热器（图3-38）的“MAX”和“MIN”之间为正常。

3）辅助散热器中的冷却液在“MIN”以下时，拆下散热器盖用肉眼确认，如图3-39所示。

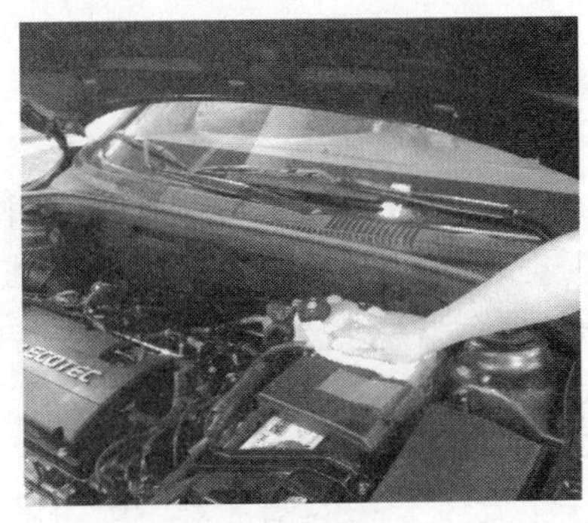

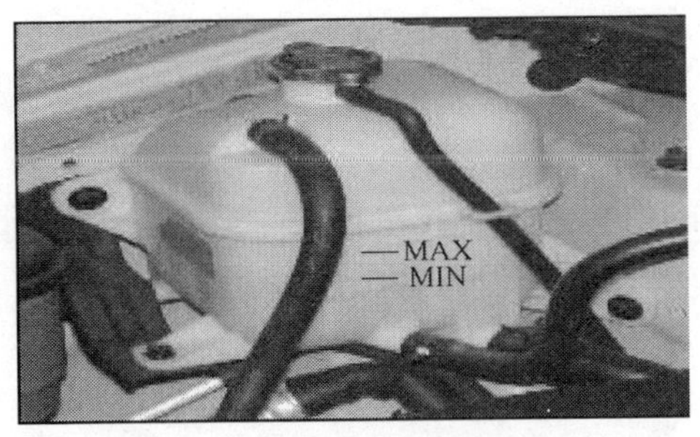

图3-38　冷却液辅助散热器

图3-39　拆卸散热器盖

注意：在发动机起动状态下，拆装散热器盖时必须小心。

二、冷却液的补充

散热器中缺少冷却液时应及时补充，如图 3-40 所示。

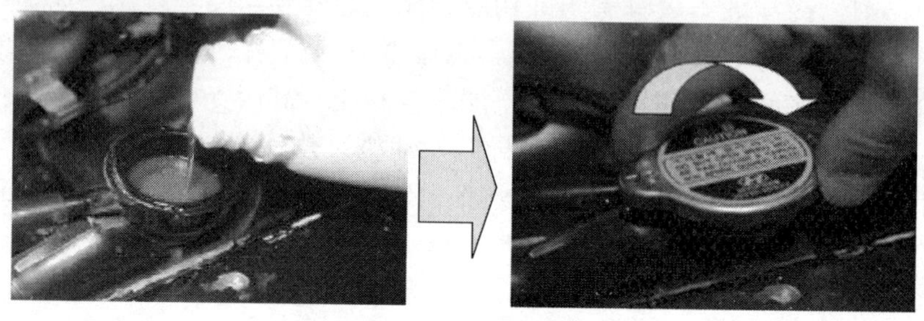

图 3-40　补充冷却液

注意：务必添加相同的冷却液，加注不同冷却液会损伤冷却装置。

任务五　洗涤液的检查和补加

任务情景

车主王女士新车买来后，其实对自己的爱车并不了解。近期碰到严重的雾霾天气，每天上下班时，经常需要刮除风窗玻璃上的灰尘。有一天她发现，刮水器不喷水了，于是她去修理厂进行维修。

任务描述

对于王女士爱车的刮水器不喷水的问题，首先可以考虑是否洗涤液用尽了。维修工人打开发动机盖，检查发现洗涤液储存量已所剩不多，那么只需要添加洗涤液就可以解决问题。本任务让学生了解洗涤液的品质和补加方法。

学习领域

一、洗涤液

洗涤液又称玻璃水，是汽车风窗玻璃清洗液的俗称，属于汽车使用中的易耗品。优质的汽车风窗玻璃洗涤液主要由水、酒精、乙二醇、缓蚀剂及多种表面活性剂组成。

二、作用

1. 清洗性能

洗涤液是由多种表面活性剂及添加剂复配而成。表面活性剂通常具有润湿、渗透、增溶等功能，从而起到清洗去污的作用。

2. 防冻性能

酒精和乙二醇能显著降低液体的冰点，从而起到防冻的作用，能很快溶解冰霜。

3. 防雾性能

玻璃表面会形成一层单分子保护膜，能防止形成雾滴，保证风窗玻璃清澈透明，视野清晰。

4. 抗静电性能

用洗涤液清洗后，吸附在玻璃表面的物质能消除玻璃表面的电荷，增强抗静电性能。

5. 润滑性能

洗涤液中含有乙二醇，黏度较大，可以起润滑作用，减少刮水器与玻璃之间的摩擦，防止产生划痕。

6. 防腐蚀性能

洗涤液中含有多种缓蚀剂，对各种金属没有任何腐蚀作用。

三、分类及选用

（一）分类

洗涤液按性状分类可分为固体洗涤液和液体洗涤液。其中固体洗涤液大多在0℃以上环境使用。

1）夏季使用时，洗涤液里增加了除虫胶成分，可以快速清除撞在风窗玻璃上的飞虫残留物。

2）冬季使用时，防冻型洗涤液能保证在外界气温低于－20℃时，依旧不会结冰冻坏汽车设备；而特效防冻型洗涤液能保证在－40℃时依旧不结冰，适合我国最北部的严寒地区使用。

当驾驶人感觉车的风窗玻璃透明度较差时，喷一喷洗涤液，能够使视野变得明朗清晰。特别是在夜间行车时，玻璃上的灰尘会散射光线，这时候就需要洗涤液发挥作用，让风窗玻璃保持在最佳的透明状态。此外，在灰尘较多的环境和雨天在高速公路行驶时，洗涤液的消耗会非常快。

（二）选用

1）秋冬季节选用的洗涤液应具备优良的清洗和防冻性能。冬季使用的洗涤液是以防冻性能作为选择的基准，应该选择冰点低于当地最低温度10℃以上的洗涤液，否则会造成洗涤液冻住、喷水壶水泵出现故障等。选择时可根据当地的温度进行选择，正规品牌的产品会以温度划分几个不同的级别，根据季节变化进行选择。

2）洗涤液还应该具备对风窗玻璃和刮水器的保护性能。一些品牌洗涤液通过调配多种表面活性剂及添加剂，具有修复风窗玻璃表面细微划痕的作用，通过形成独特的保护膜，达到对风窗玻璃的全面呵护。除此之外，特别添加的多种缓蚀剂，对各种金属都没有腐蚀作用，保护了汽车面漆、刮水器及橡胶的安全。

3）由于我国北方气候的独特性，在驾驶过程中驾驶人的视线很容易受到光的折射和雾气、静电的影响，给驾驶带来安全隐患。所以，车主在购买洗涤液时，要求尽可能选择具备快速融雪、融冰和防眩光、防雾气、防静电功效的产品。

（三）误区

有些车主认为清洗风窗玻璃其实很简单，用不着小题大做。有些车主会选择自制的玻璃水。他们将洗洁精、洗涤剂、洗衣粉等兑一点水来替代专用洗涤液，认为这样又便宜又省心；也有的车主直接用清水替代洗涤液。其实，这些做法都存在着一定的隐患。

用水兑洗衣粉替代洗涤液：洗衣粉水里会有一些沉淀物，时间长了，不仅会腐蚀橡胶管，而且会堵塞喷水口，严重时会损坏电动机。一般洗涤剂都呈碱性，对橡胶会有一定的腐蚀性，会加速刮水器胶条的硬化，硬化的胶条刮擦风窗玻璃时，会使风窗玻璃表面被刮毛、刮花。如果重新更换刮水器，付出的费用将是洗涤液的几十倍。

用水代替洗涤液：这样做风险相对小一些，但需要留意的是，普通的自来水同样含有较多杂质，时间长了，杂质会依附在橡胶管内，影响正常喷水。长期使用可能会使风窗玻璃表面与刮水器之间的摩擦力加大，玻璃会产生划痕。其实，清水只能简单地清洗灰尘，对车窗上附着的脏污、虫尸，并没有彻底清洗的能力，而且使用清水在冬季很容易结冰。

行动领域

一、检查洗涤液

1）打开洗涤液储存罐盖，用肉眼检查洗涤液的量，如图 3-41 所示。

2）内部有海绵浮标的车辆，查看海绵浮标的高度，如图 3-42 所示。

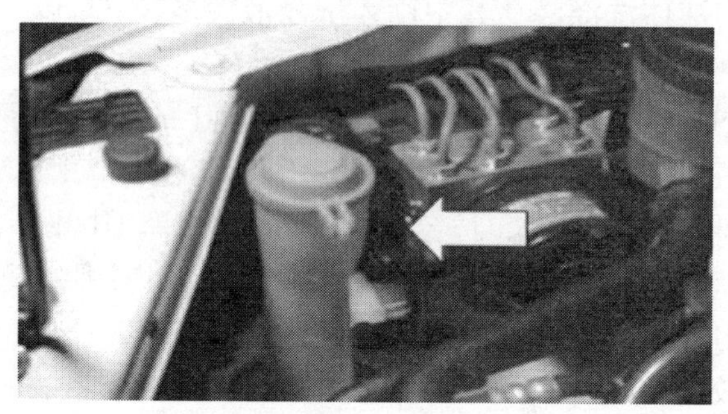

图 3-41　洗涤液储存罐

图 3-42　查看海绵浮标的高度

注意：特殊情况下，夏季可以使用自来水，但是禁止使用合成洗涤品或肥皂水；冬季应使用防冻型洗涤液，发动机防冻液会损伤车身漆面，严禁加注。

二、添加洗涤液

（一）液体洗涤液

1. 稀释

一般购买回来的洗涤液均需要稀释后再使用，车主只需按照说明书上的指示操作即可。

2. 注意洗涤液容量

汽车洗涤液容量大约是 1.5L，因此选择稀释洗涤液的容器用 1.25～1.5L 的就可以了，容器可以用矿泉水瓶替代。添加洗涤液的时候，注意不要加得过满，如图 3-43 所示。

（二）固体洗涤液

1）打开发动机舱盖，找到洗涤液箱。

图 3-43　添加洗涤液

2）打开固体洗涤液的包装并把固体洗涤液放入洗涤液箱中。

3）加入清水直至洗涤液箱加满。

4）等待 5min 左右，固体洗涤液即可完全溶解，此时就可使用了。

项目四

汽车日常维护

项目任务书

车辆日常维护的内容包括：清洁、紧固、润滑。日常维护可以保持车辆的干净、整洁，防止水和灰尘腐蚀车身及零件。在车辆行驶一定的里程后，要对车辆各部件连接处的螺栓进行检查、调整，发现有松动的地方要按要求及时拧紧，防止事故隐患，保证行车安全。润滑包括发动机润滑、变速器润滑、差速器润滑、轮毂润滑等，是保证车辆各运动部件正常运转、减小运转阻力、降低温度、减少磨损的重要手段。

项目名称	汽车日常维护
学习目标	掌握日常维护的维护项目及技术要求
技能目标	掌握日常维护的维护项目及技术要求
情感目标	通过日常维护的维护项目及技术要求，培养学生积极学习、严谨操作的学习态度，并在任务中渗透安全、规范、文明操作及保护环境的要求
教学重点	掌握轮胎、前照灯和机油的更换
教师活动	1. 讲解、示范作业流程、操作步骤、技术规范和安全注意事项 2. 在讲课过程中，检查、指导和纠正学生实训中的错误 3. 讲解与实训项目相关的知识，不仅让学生掌握操作规范，还采取理实一体的教学方法，做到对知识融会贯通
学生活动	1. 学生可独立进行任何一辆车的维护 2. 完成作业工单
自我评价	○ 优　○ 良　○ 及格　○ 不及格

任务一　轮胎维护

任务情景

李女士买了一辆大众 CC 轿车。有一天在行驶中发现仪表盘上的中央胎压报警灯不停地闪烁，因为是在高速路上，万一轮胎有问题会很危险，所以李女士很担心，她急需救援。假如你是修理工，你该怎么帮助李女士？

任务描述

根据此故障现象分析，胎压报警灯闪烁，最有可能的直接原因是轮胎气压不足所造成的，轮胎气压不足也有可能是在漏气，因为汽车目前在高速公路上，没有打气工具，为了避免可能发生危险，这时需要更换备胎。

学习领域

一、轮胎的不正常磨损（如图 4-1）

1）轮胎的中央部分早期磨损。
2）轮胎两边磨损量过大。
3）轮胎的一边磨损量过大。
4）轮胎胎面出现锯齿状磨损。
5）个别轮胎磨损量大。
6）轮胎出现斑秃形磨损。

注意事项如下：
1）注意轮胎气压。
2）定期检查前轮定位。
3）注意自己的驾驶方式。

图 4-1　不正常磨损的轮胎

二、轮胎的检查

1. 裂纹或损坏

检查轮胎的胎面和胎壁是否有裂纹、割痕或者其他损坏，如图 4-2 所示。

2. 嵌入金属微粒或外物

检查轮胎的胎面和胎壁是否嵌入金属微粒、石子或者其他异物，如图 4-3 所示。

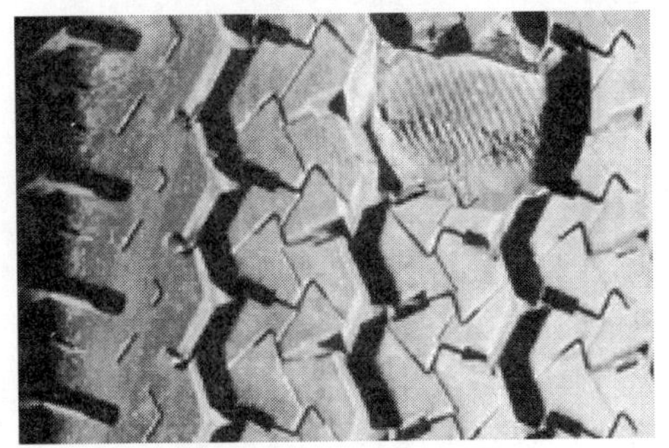

图 4-2　损坏的轮胎

图 4-3　含有嵌入物的轮胎

3. 胎面深度

使用一个轮胎深度规测量轮胎的胎面深度，如图 4-4 所示。

4. 不正常磨损

检查轮胎的整个外围是否有不均匀磨损和阶段磨损，如图 4-5 所示。

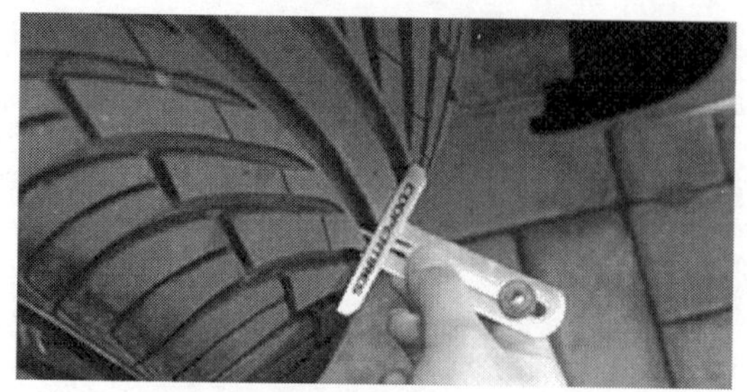

图 4-4 测量胎面深度

图 4-5 不均匀磨损和阶段磨损

三、轮胎的更换

1. 轮胎更换条件

1）轮胎花纹小于 3mm 需要关注，当胎纹沟槽小于 1.6mm 时，应更换轮胎。胎纹沟槽耐磨指示标识外露，表明纹沟深度只剩下不足1.6mm，轮胎耐磨指示标识就是花纹沟中的凸起，如果使用花纹沟所剩深度低于 1.6mm 的轮胎，会出现雨天牵引力或制动力突然丧失的状况，以及雪天牵引力全无的可能性。

2）轮胎橡胶老化龟裂。

3）轮胎胎侧破损或鼓包，胎面变形。

4）缺气行驶造成碾压。

2. 更换轮胎方式

汽车长时间行驶且轮胎不交换位置的话，轮胎会出现一侧磨损加重的情况，从而缩短轮胎寿命，对行驶系统和制动系统也会产生影响，故最好要定期循环交换轮胎位置。轮胎交换位置可以分为子午线轮胎和斜交轮胎，一般采用的方法如图 4-6 所示。

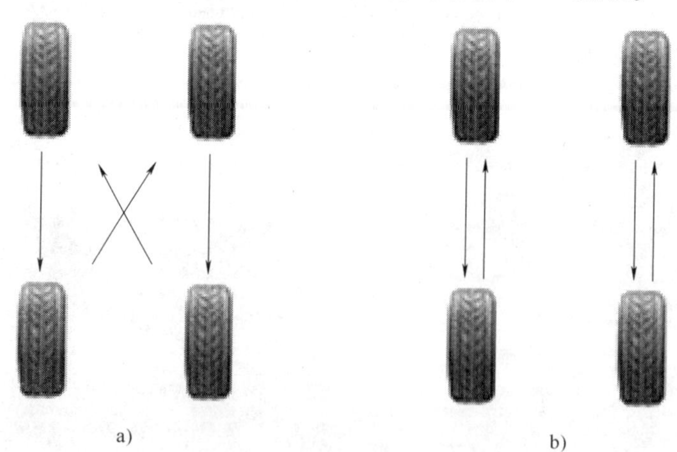

图 4-6 更换轮胎的方法

a）子午线轮胎 b）斜交轮胎

四、补胎

当出现以下几种情况时，应尽快进行补胎：

1）轮胎扎钉。

2）行驶时轮胎有异响。

3）某轮胎经常需要充气。

4）轮胎报警灯发出警告。

五、四轮定位

四轮定位是指汽车车轮、悬架系统元件以及转向系统元件，安装到车架（或车身）上的几何角度与尺寸须符合一定的要求，保证汽车行驶的稳定性和安全性，减少汽车的磨损和油耗。

四轮定位参数包括车轮外倾角、前束、车轮内倾角、主销后倾角、最大转角、转角差、多转向桥不平行度、转向盘对中位置等，如图 4-7 所示。

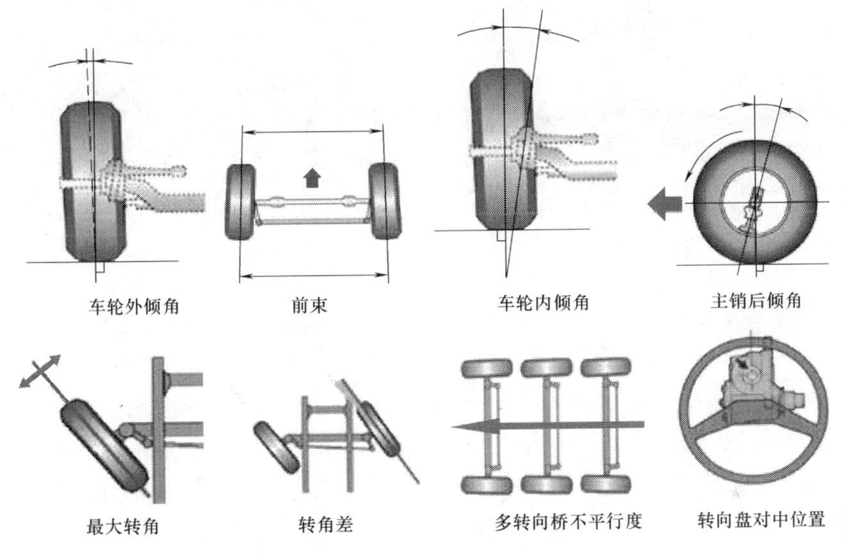

图 4-7　四轮定位参数

六、车轮动平衡

汽车的车轮是由轮胎、轮毂组成的一个整体。但由于制造上的原因，各部分的质量分布不可能非常均匀。当汽车车轮高速旋转后，就会形成动不平衡状态，造成车辆在行驶中车轮抖动、转向盘振动的现象。为了避免或消除已经发生的这种现象，就要使车轮在动态情况下通过增加配重的方法，校正车轮各边缘部分的平衡。这个校正的过程就是人们常说的动平衡。当出现以下情况时，就需做动平衡测试：行驶时转向盘抖动，或者行驶跑偏；更换新轮胎后；旧轮胎经过拆卸后。

七、轮胎产品

国内十大主流汽车轮胎品牌有：米其林、倍耐力、普利司通、韩泰、飞德勒、锦湖、横滨、固特异、马牌、邓禄普。

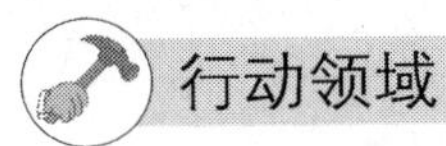

一、拆卸备胎

1）轮胎没气后，千万不要慌张，也不要将车停在路中间，没气后的轮胎强行移动几米也是可以的。此时，应迅速打开危险警告灯，尽量将车移动到应急车道或者路边的位置，尽量选择平坦的路面，避免在转弯或坡面上停车，如图 4-8 所示。

2）车辆熄火，拉好驻车制动，摆放警示牌，如图 4-9 所示。对于警示牌的摆放，白天在一般城市环路时要把警示牌立在车后 50m 的地方，如果是高速路则要放在车后 150m 的地方；在能见度较低的雨雾天气或者夜间，需要把警示牌设立在车后 100m 的地方。

图 4-8 打开危险警告灯

图 4-9 车后 50m 放置三角警示牌

3）取出随车工具和备胎，如图 4-10 所示。一般家用轿车的备胎都放置在行李箱的垫子下面。先拿出换胎工具，包括千斤顶、套筒扳手等，之后拿出备胎。有些备胎会有螺栓按钮，需将按钮拧出，备胎就能拿出来了。将备胎取出后，需检查备胎的气压。

4）更换备胎需要按照以下的顺序，不可颠倒。使用随车的工具钳夹出轮胎的螺栓盖帽，如图 4-11 所示。使用套筒扳手将轮胎螺栓拧松一点即可。普通家用车的螺栓都为右旋螺纹，逆时针扳动扳手即可拧松螺栓，如图 4-12 所示。

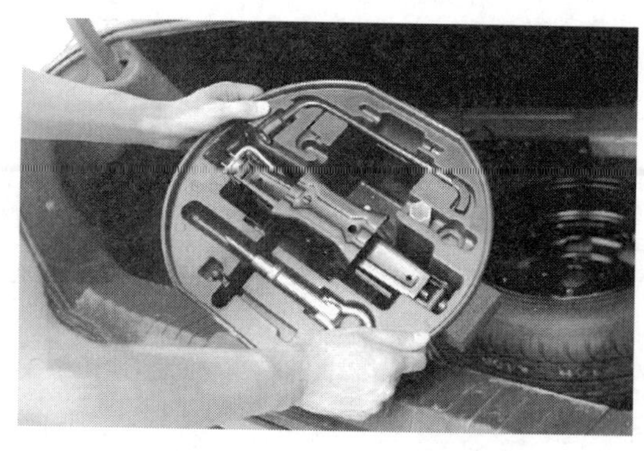

图 4-10 取出随车工具及备胎

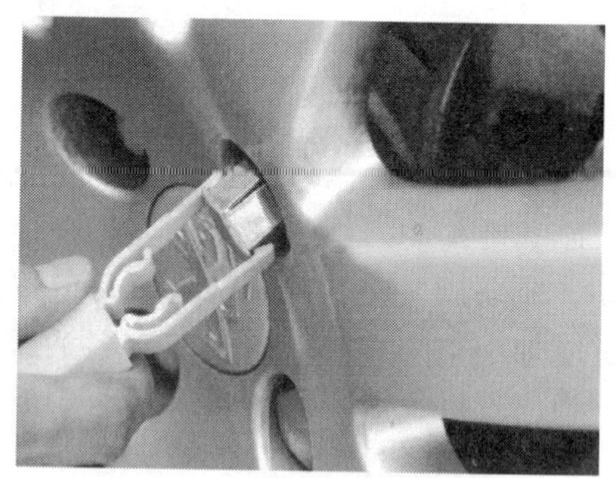

图 4-11 依次夹出轮胎螺栓盖

5）使用千斤顶将轮胎升至稍稍离地，如图 4-13 所示。这里需要注意的是，在轮胎两侧都有千斤顶的指示位置（图 4-14），车主需在这个位置放置千斤顶。之后，将千斤顶固定在距离需更换车轮最近的支撑点下方，车底有一个凸出的长条，并将千斤顶顶端凹下的位置卡住凸出的长条，如图 4-15 所示。

6）拧出螺栓，卸下轮胎，轮胎稍稍离地后，就可以用套筒扳手将所有螺栓都拧下来，然后卸下轮胎。为了保险起见，将备胎垫在了车身下方。到这里，轮胎就完全地卸下来了，如图 4-16 所示。

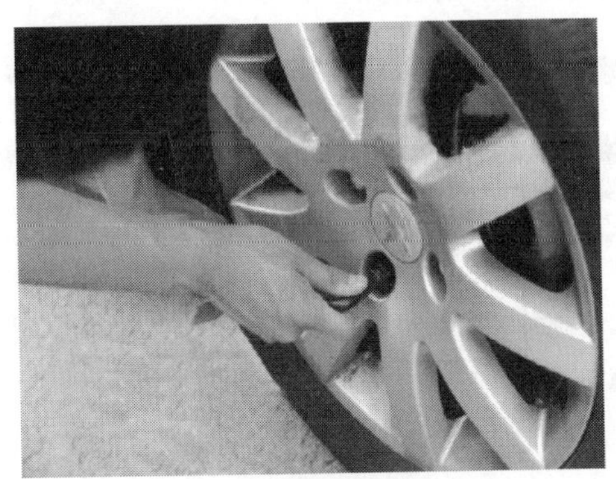

图 4-12　用套筒扳手拧松螺栓

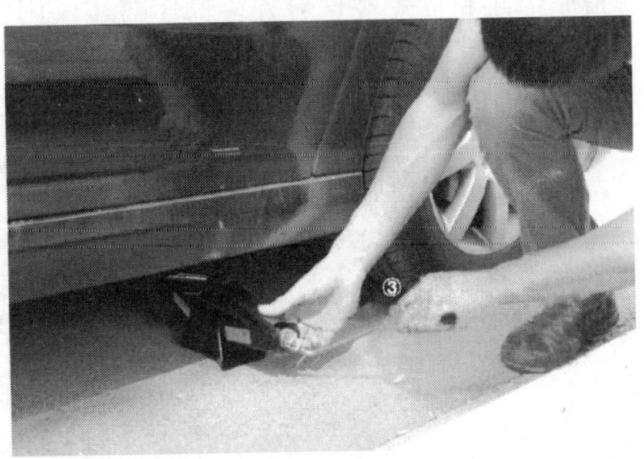

图 4-13　用千斤顶抬起车身

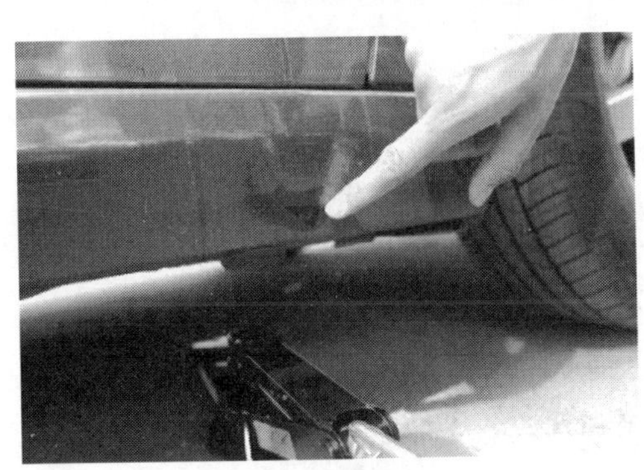

图 4-14　千斤顶的指示位置

图 4-15　正确放置千斤顶

图 4-16　将备胎垫在车身下方

二、安装备轮

1）将卸下的轮胎与备胎换位。

2）安装备胎时，先用手将四个螺栓拧到手不能拧动为止。安装备胎最费劲的就是如何将备胎与车轮固定螺栓对齐，操作时建议用腿或脚顶住备胎，防止位移，如图 4-17 所示。

注意：拧螺栓时要按对角线顺序拧上，切勿按顺时针或逆时针方向依次拧上。

图 4-17　安装备胎

3）将千斤顶降下至轮胎轻轻触地，用套筒扳手按照对角线顺序拧紧螺栓，如图 4-18所示。

注意：如果备胎不是全尺寸备胎，只是临时备胎，且还有很长路程需要行驶的话，换好备胎后要尽快寻找最近的维修点或者轮胎店，且最高速度不能超过80km/h，行驶距离不能超过150km。

图 4-18　按对角线顺序拧紧螺栓

任务二　灯 光 维 护

任务情景

赵先生有一辆行驶里程约 7.3 万 km，配置 2.4L 电控发动机和自动变速器的 2009 款本田思铂睿轿车。最近他发现前照灯暗淡，且前照灯旁边密封不严，于是，他将车开到修理厂进行维修。假如你是修理工，该怎样找出这辆车的问题所在？

任务描述

根据此故障现象，首先要考虑前照灯本身有没有问题，再考虑其他的故障原因。经过分析，随着时间推移或者车辆之前可能碰撞过的原因，前照灯周围密封性不是很好，检查后，确定是前照灯组件发生了变形，需要重新更换或修理。

学习领域

一、车灯种类

汽车车灯主要有前照灯（包括远光、近光）、前（后）位灯、转向灯、危险报警闪光灯、制动灯、倒车灯、前（后）雾灯等，如图 4-19 所示。

图 4-19　汽车前照灯

二、车灯更换条件

1）车灯不能开启（非电路系统原因）。
2）车灯亮度降低。
3）两侧灯光高度明显不一致。

三、车灯的保养项目

1）检查前照灯、尾灯、牌照灯、制动灯、示廓灯等的照明和转向情况。
2）检查车灯所在的灯罩是否脏污或者损伤。

行动领域

车灯的检查步骤如下：
1）前照灯的检查，如图 4-20 所示。

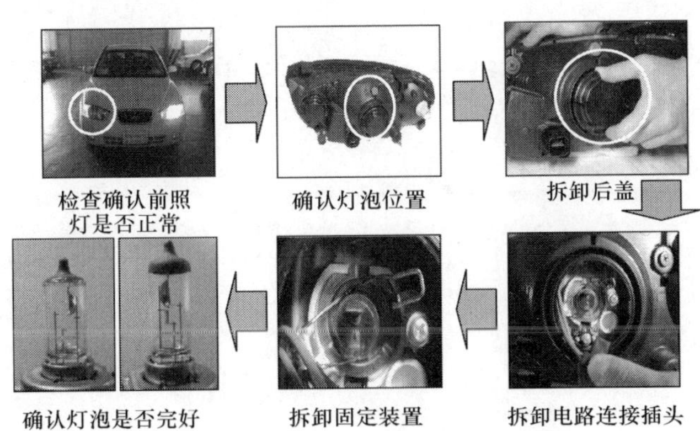

图 4-20　前照灯的检查

2）转向灯的检查如图 4-21 所示。
3）倒车灯的检查如图 4-22 所示。

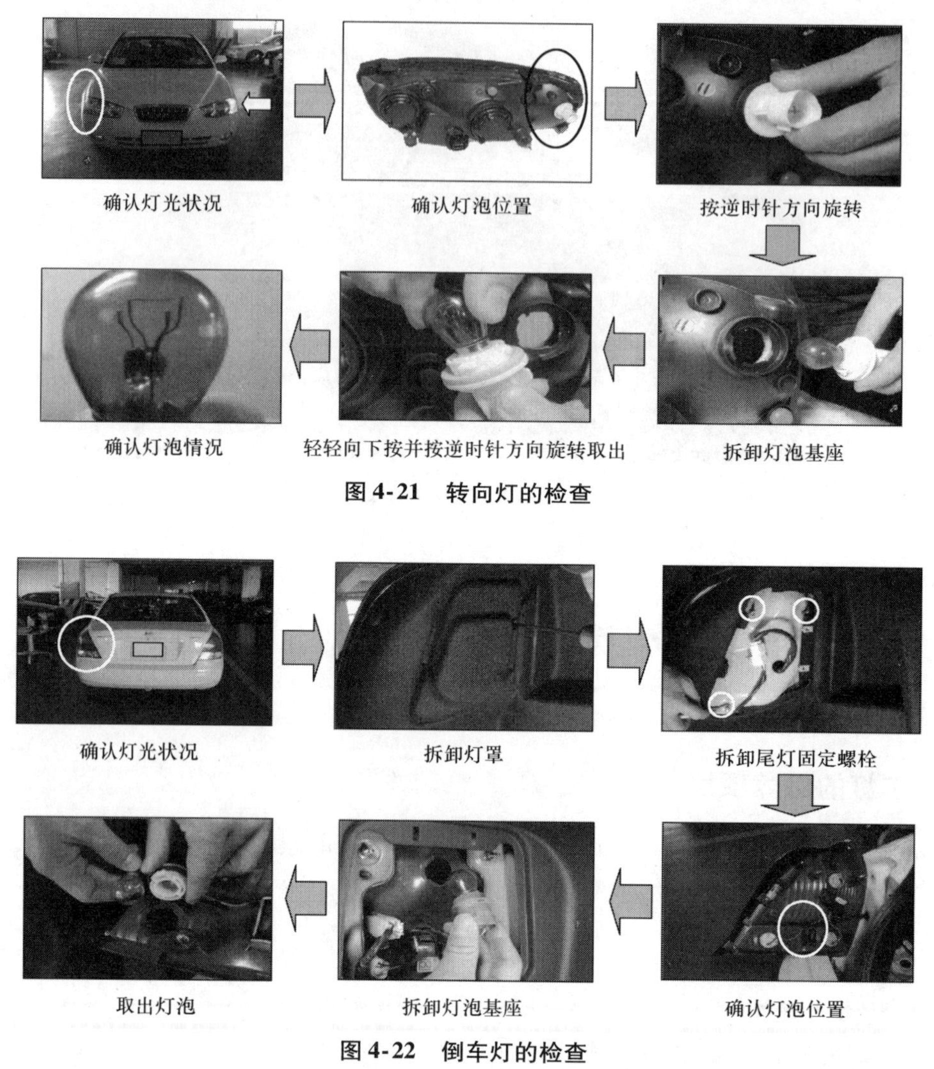

图 4-21　转向灯的检查

图 4-22　倒车灯的检查

任务三　机油的更换

任务情景

张先生有一辆 2009 款的自动档克鲁兹轿车。该车已行驶 30000km，有一天在行驶中，他突然发现机油报警灯不停地闪烁，他非常担心。于是，他马上把车开到修理厂进行维修。假如你是修理工，应该怎样找出故障？

任务描述

根据此故障现象，首先考虑是机油品质的问题，再考虑其他的故障原因，经询问车主后得知，张先生并未按时维护，且使用劣质的机油，造成压力浮动比较大，机油品质很差，需要及时更换机油。

学习领域

一、机油及机油滤清器的更换

车辆到了规定维护的时间，除了对车辆进行常规维护作业以外，还需要检查各运动部件和系统的工况。当满足下列条件时，需要更换机油及机油滤清器。

1）每行驶 5000km 以上。

2）距离上次换机油 6 个月以上。

3）机油报警灯闪烁。

二、机油产品（图 4-23）

壳牌超凡喜力5W/40

壳牌喜力HX7

壳牌喜力HX5

道达尔快驰9000SM 5W/40

道达尔快驰7000SM

道达尔快驰5000SL

壳牌喜力HX3

图 4-23　机油品牌

行动领域

发动机机油和滤清器的更换流程见表 4-1。

表 4-1　机油和滤清器的更换流程

序号	操作步骤	操作内容	操作要领或技术规范
1	课前准备	1）车辆进入工位前，清理工位卫生，排除障碍物，准备好相关的工具、物品等 2）车辆驶入工位，拉紧驻车制动器并将变速器置于 N 位或 P 位	
2	更换前准备	1）设备或工具 2）安装三件套（转向盘套、座椅套和脚垫） 3）打开发动机舱盖并支撑好 4）安装翼子板罩布、前格栅布	

（续）

序号	操作步骤	操作内容	操作要领或技术规范
3	预热发动机	1）进入驾驶室，横向摆动变速器档位控制手柄，确认驻车制动器是否拉紧和变速器是否处于N位或P位 2）打开点火开关，起动发动机并保持怠速运转3～5min，期间观察冷却液温度表指示数值的变化，当冷却液温度达到60～70℃时，关闭点火开关，停止发动机运转	有利于发动机内机油排放彻底
4	检查泄漏	1）查看气门室罩垫、加油口、曲轴前油封等处是否存在漏油现象	若漏油应先维修好泄漏点
		2）分别调整提升臂的角度和抽拉臂的长度，使托垫对正车辆底板上的支撑点 3）将车辆举升到目标高度，并可靠停驻	确认车辆可靠停驻后，方可进入车下作业
5	排放机油	1）将机油回收桶置于发动机油底壳排油塞的正下方 2）用套筒、扭力扳手拧松排油塞 3）用手缓缓旋出排油塞，当感觉到仅剩1～2个螺纹时，继续旋出时要稍用力向上推排油塞，确定螺纹已全部旋出后，急速移开排油塞，让机油流入回收桶内 4）检查排油塞垫片是否损坏，如有断裂要更换新垫片。使用抹布擦净排油塞上吸附的金属屑 5）当油底壳的排油孔不再滴油时，用手旋入排油塞 6）用套筒、扭力扳手将排油塞拧紧力矩至规定扭矩 7）用抹布擦净排油塞和油底壳上的油迹	用手旋出排油塞时，可以戴手套
6	更换机油滤清器	1）使用机油滤清器专用套筒、接杆、扭力扳手旋松机油滤清器 2）用手旋下滤清器并放入废件回收桶中，并清洁滤清器座 3）在新的滤清器内加注新鲜机油约为其容量的3/4后，在密封圈上均匀涂抹一薄层机油 4）用手竖直举起滤清器，将滤清器旋入其座上并用力拧紧 5）使用机油滤清器专用套筒、接杆、扭力扳手，转动滤清器3/4圈后，将其紧固 6）使用抹布擦净滤清器及其座上的机油	滤清器的拧紧力矩不要过大，以免损坏密封圈，按其规定拧紧即可 便于检漏
7	加注机油	1）将车辆平稳下降到地面上，举升机的托垫和车辆的支撑点不要接触，车辆靠自重停驻在地面上 2）观察车辆是否存在歪斜和严重变形等现象。若出现此现象，应修复后再加机油。重点检查轮胎气压和减振器总成 3）用抹布擦净加油塞周围的油渍、尘土等，并旋下排油塞 4）旋下机油桶盖，然后一手握住桶上的手柄，一手托住桶底，对正发动机的加油口，稍稍倾斜机油桶，缓缓将机油倒入发动机内 5）当加注量接近油桶容量（4L）的3/4时，停止加注。待2～3min后，拔出机油尺，擦净刻度尺处的油液，将其插入机油尺套管内，观察机油标尺油面的高度，应位于上下刻度线中间偏上的位置。若油量不足，仍需进行添加，不允许液面高于上刻度线	当车辆严重变形后，发动机在车上的位置发生偏移。加注机油标尺显示的数值便会出现或大或小的偏差，给发动机的正常工作带来隐患

（续）

序号	操作步骤	操 作 内 容	操作要领或技术规范
8	复查和检漏	1）机油加注完毕，旋紧加油口盖 2）进入驾驶室，打开点火开关，起动发动机并保持运转3~5min之后，关闭点火开关 3）待发动机停止运转3~5min之后，拔出机油尺，擦净刻度尺的机油，然后将其插回套筒内，确定插入到位后，再次拔出机油尺，观察油底壳中的油面在刻度尺上显示位置 4）将车辆举升到适当高度，检查排油塞、机油滤清器等处是否漏油。如有泄漏，修复后车辆才可以投入使用 5）将车辆平稳下降落到地面上	2）、3）的主要目的是填充润滑系统中的储油空间，便于确定油底壳中的实际存油量。如果油面位于标尺的上下刻度线的中间偏上位置，为正常；低于下刻度线，应添加适量机油；高于上刻度线，应放出适量机油
9	整理工位	关闭发动机舱盖，收拾工具和仪器并归位，清洁地面卫生	

任务四　蓄电池的检查与更换

任务情景

一辆标致307轿车从车库开出后熄火，再次起动时，发动机因起动转速低而不能起动，并很快出现发动机不转、电动车窗不能升降的故障现象。按照车主的说法，蓄电池在车库第一次起动时还可正常工作，突然失去电能，车主怀疑是蓄电池坏了。假如你是修理工，你会怎样给这辆车排查问题？

任务描述

根据此故障现象初步分析故障原因，蓄电池是在再次起动时，其电能迅速下降至没电的。因此，蓄电池严重亏电或蓄电池极板硫化的可能性较大；另一个可能的原因是电源线路连接不良。修理工经过检查后发现需要更换蓄电池。

学习领域

一、蓄电池

蓄电池是汽车必不可少的一部分，可分为传统的铅酸蓄电池（图4-24）和免维护型蓄电池（图4-25）。铅酸蓄电池是由正负极板、隔板、壳体、电解液和接线桩头等组成的，其放电的原理是依靠正极板活性物质和负极板活性物质在电解液（稀硫酸溶液）的作用下进行的，其中极板的栅架是用铅锑合金制造的。免维护型蓄电池是用铅钙合金制造的，由于蓄电池采用了铅钙合金做栅架，所以充电时产生的水分解量少，水分蒸发量也低，加上外壳采用密封结构，释放出来的硫酸气体也很少。所以，它与传统蓄电池相比，具有不需添加任何液体，对接线桩头、电线腐蚀少，抗过充电能力强，起动电流大，电量储存时间长等优点。

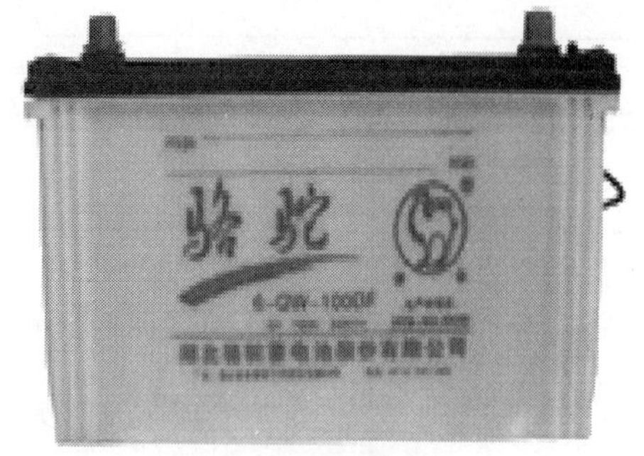

图 4-24　铅酸蓄电池

图 4-25　免维护型蓄电池

二、蓄电池的更换条件

1）一般情况下使用时间超过 2 ~4 年后，需更换蓄电池。

2）当免维护型蓄电池视窗小孔内显示黑色时（各个品牌不同，可以查看蓄电池上的说明），说明严重亏电需更换。

3）车辆不能起动，灯光明暗不定，音响音量不稳，电动车窗升降缓慢。

4）仪表盘上充电指示灯常亮。

行动领域

更换蓄电池的步骤如下：

1）蓄电池负极断电。蓄电池应先断开负极，如果先断开正极，不小心的话有可能接触车身搭铁，造成车身电器短路、烧坏，如图 4-26 所示。

2）蓄电池正极断电。拆掉蓄电池的负极后，车身已经断电了，这时可以拆掉正极，有些高档车更换蓄电池时不可以让车身电器断电，因为断电后需要用专业汽车检测仪解码匹配。所以，更换蓄电池前一定要用一个备用蓄电池跟车上的蓄电池（两极）并联起来，如图 4-27 所示。

图 4-26　蓄电池负极断电

图 4-27　蓄电池正极断电

3）拆除旧蓄电池。更换新蓄电池前，移掉旧蓄电池需要拆掉固定支架或底部的固定螺栓，如图 4-28 所示。

4）固定好蓄电池的支架（底部有固定螺栓的则要拧紧螺栓），先装蓄电池正极，盖好正极绝缘胶套（图 4-29）。后装蓄电池负极（图 4-30），这个时候汽车电器已经完全带电。

装好两极后记得用手转动一下蓄电池端子，查看是否固定牢固，切记不可以出现松动。

图 4-28　拆除旧蓄电池

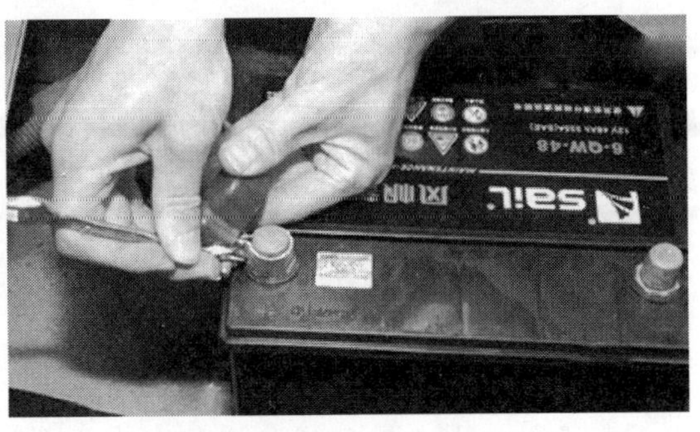

图 4-29　安装蓄电池正极

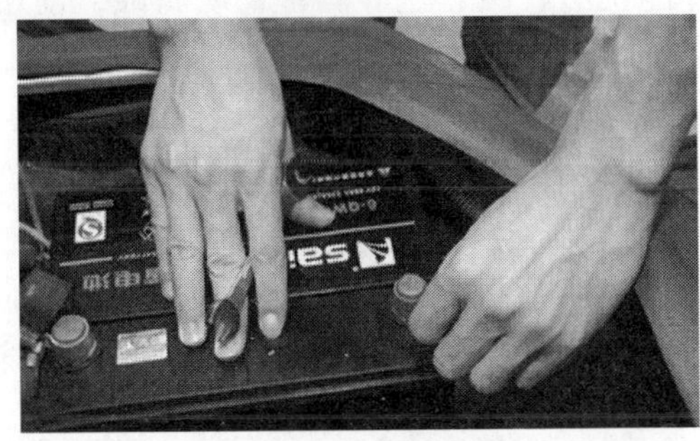

图 4-30　安装蓄电池负极

注意：如果车辆比较高档就要检查仪表显示灯是否有异常，通常情况下断电更换蓄电池会造成部分电器无法正常工作，仪表处会有指示灯提醒指示。

5）最后盖好座椅，扣好座椅纽扣，蓄电池安装完毕。

6）进行点火检查，如图 4-31 所示。

图 4-31　点火检查

任务五　刮水器的检查

任务情景

一辆开了三年的别克君威轿车，车主比较缺乏维护知识，最近一段时间他发现下雨时使用刮水器刮风窗玻璃，总是刮不净，并且有异响。假如你是修理工，该怎么处理此问题？

任务描述

根据风窗玻璃刮不净，且有异响的故障现象，初步判定是刮水器出现磨损和老化造成的。车主在维护过程当中没有及时进行更换，才会出现这种情况。修理工经过仔细观察后，决定更换刮水器。

学习领域

一、刮水器

汽车刮水器（图 4-32）是汽车中重要的安全件，它能有效地清除雨水、雪和污垢；可以在高温 80°C 和低温 -30°C 下工作；并能抗酸、碱、盐等有害物质腐蚀，使用寿命达到 15 万次刮刷循环（乘用车）。

二、维护注意事项

图 4-32　刮水器

1）定期检查刮水器刮片。当发现刮水器刮片严重磨损或脏污时，应及时更换或清洗，否则将降低刮水器的工作效能，影响驾驶人视线。清洗刮水器刮片时，可用蘸有酒精清洗剂的棉纱轻轻擦去刮片上的污物。刮片不可用汽油清洗和浸泡，否则会变形而影响其工作。

2）检查刮水器工作情况时，应先用水润湿风窗玻璃，否则会刮伤玻璃。同时，由于刮片摩擦阻力大，可能会损伤刮片或烧坏电动机。打开刮水器开关后，应注意电动机有无异响，尤其当刮水器电动机“嗡嗡”响而不转动时，说明其机械传动部分已锈死或卡住，应立即关闭刮水器开关，以防烧毁电动机。

3）使用中关闭刮水器开关后，刮水器刮片应回到风窗玻璃下侧后停止。若停止位置不对，应加以调整。调整时，可转动自动停止器的盖，沿顺时针方向转动则停止位置缩短，沿逆时针方向转动则停止位置延长。

4）冬季使用刮水器时，若其刮片被冰冻住或被雪团卡住，应立即关闭开关，清除冰块、雪团后方可继续使用，否则会因刮片阻力过大而烧坏电动机。

5）不要随意拆下电动机。若因故障需拆下电动机时，切勿使电动机跌落、碰撞。因为刮水器电动机大多使用永磁直流电动机，其磁极多采用陶瓷材料，受冲击易损坏。

6）刮水器电动机多为封闭式，不可随意拆卸。必须拆卸时，要保持内部清洁，不可让铁屑之类的污物落入其中；装配时要给含油轴承的毛毡加注少许润滑油，并更换或补充减速器内的润滑脂。

三、刮水器的检查项目（图 4-33）

1）检查喷水情况：喷射高度、方向，喷水量。

2）检查刮水器擦试状态：各种速度下运行状况及磨损情况。

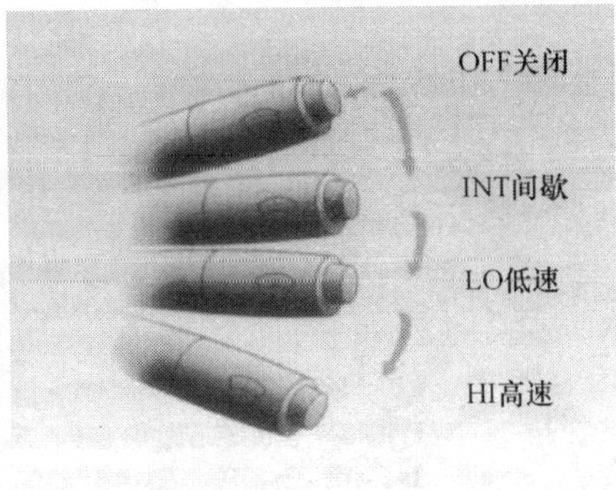

图 4-33 刮水器的检查项目

注意： 尽量避免在干燥下起动刮水器。

四、更换刮水器的条件

1）一般情况下，当刮水器使用超过 1 年时，可以更换刮水器。

2）当风窗玻璃上出现不能刮净的水痕时，需要更换。

3）当刮水器出现裂纹脱落或变形时，需要更换。

行动领域

更换刮水器的步骤如下：

1）首先要把刮水器立起来，然后才可拆下，如图 4-34 所示。

2）按住刮水器下面的卡子，并移出，如图 4-35 所示。

图 4-34 立起刮水器

图 4-35 移出刮水器

3）从一边取下刮水器，注意不要让摇臂弹回来把风窗玻璃砸坏，如图 4-36 所示。

4）把中间的卡子前端翘起来一些，这样容易安装，如图 4-37 所示。

5）插入中间的卡子后，拉紧，听到“咔嗒”声表明入位成功，如图 4-38 所示。

6）有些车型驾驶位和副驾驶位的刮水器尺寸不同，一般都是驾驶位的长，副驾驶位的短，切勿装反了，如图 4-39 所示。

7）安装副驾驶位刮水器，注意方向正确并拉紧，听到“咔嗒”声表明入位成功，如

图4-40所示。至此，刮水器已安装完成。

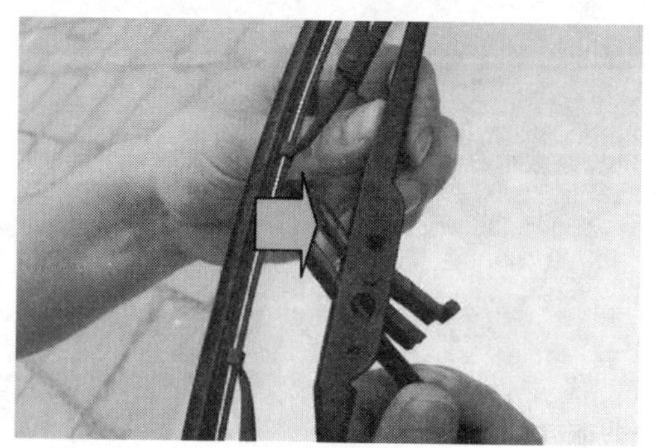
图4-36 取下刮水器

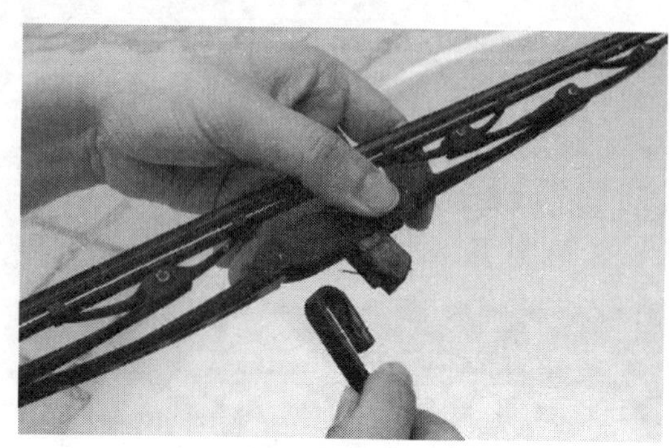
图4-37 翘起中间卡子

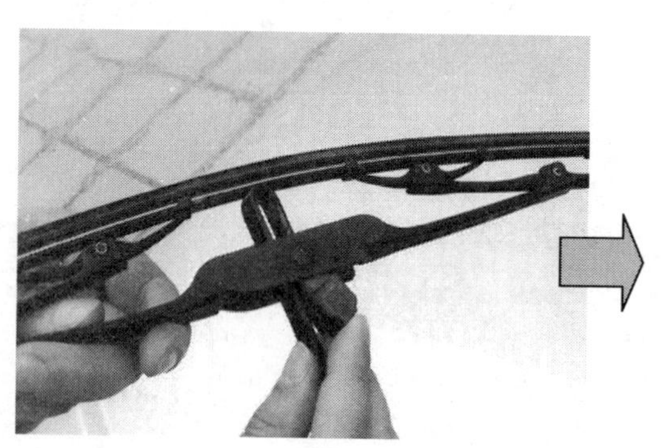
图4-38 装入刮水器

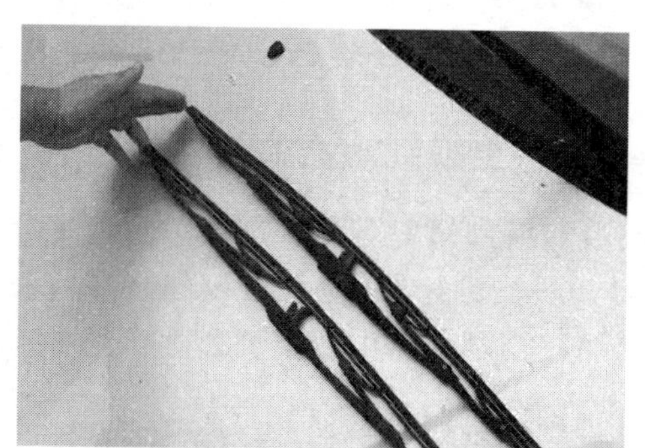
图4-39 安装刮水器时注意长、短尺寸

图4-40 安装刮水器

任务六 漆面护理

任务情景

车主王先生是新手，开车不小心撞到了路边的大树，不过幸好张先生问题不大，但车辆需要做车门修复。

任务描述

车门修复属于维修中的钣喷问题，本任务让学生了解汽车车身修复方面的知识和操作方法。

学习领域

一、车身油漆的分类

一般来说车漆可分为底漆、面漆和清漆三层，而面漆又可分为普通漆、金属漆和珠光漆三种。普通漆的主要成分为树脂、颜料和添加剂；金属漆又多了铝粉，所以喷漆完成以后看上去光亮；珠光漆加入了云母粒，云母是很薄的、一片片的，具有反光性，也就有了色彩斑斓的效果。

二、车漆的修复

如果车漆已经受损，或者由于长时间的使用，日光暴晒等造成的自然老化，这时就需要对车漆进行一定的修复和维护。

汽车漆面护理类型主要有打蜡、封釉、镀膜等。

（一）打蜡

打蜡的作用一方面给漆面添加缺少的油分，快速提高漆面的光亮度；另一方面使漆面增强抵抗外界风沙、紫外线、有害气体、酸碱雨水腐蚀的能力。

为了保证打蜡效果，打蜡前对车辆必须进行彻底清洗。上蜡时，应将适量的车蜡涂抹在专用的打蜡海绵上，然后按一定的顺序往复直线涂抹，每道涂抹应与上道涂抹之间有1/4左右的重合，以防止漏涂并保证涂抹均匀。涂抹过后10min左右即可进行抛光，抛光时同样遵循上蜡的方式，而且应保证先上蜡的部分先抛光，确保抛光后的车表不受污染。抛光作业通常使用无纺布往复直线运动，适当用力按压，清除剩余车蜡。

车主自行打蜡时，应注意以下几点，以便获得更好的效果：

1）确保作业环境清洁，通风良好。

2）选择阴凉处打蜡，以防车漆表面温度过高，车蜡附着能力下降，影响效果。

3）应保持海绵的直线涂抹，不要进行环形涂抹，否则会由于涂抹层不均匀造成环状漫反射。

4）打蜡应遵循先上后下的原则，先涂抹车顶，然后涂抹发动机盖和行李箱盖，最后涂抹车身侧面。

5）如果在打蜡过程中发现海绵上出现了车漆的颜色，表明漆面已经出现破损，应停止打蜡，及时进行修补。

6）抛光一定要在上蜡完成后的规定时间内进行，不要驾驶未抛光的车辆，否则再次进行抛光时，沾染的灰尘颗粒会造成漆面划伤。

7）抛光结束后，应清除车牌、车灯、门边等处残存的车蜡，防止产生腐蚀。

（二）封釉作业

封釉是一种比较流行的汽车漆面保护措施，一般在新车阶段使用效果最佳。它是将釉面剂通过振动加压的手段融入到车漆内部，使车漆表面形成一层更加光亮、坚硬的釉面层，使车漆的耐腐蚀性提高、硬度加大，旧车封釉还可以一定程度地修复轻微划痕。但封釉之后的车辆在发生碰撞后需要补漆时，由于釉面的附着力不同，需要在更大范围内进行补漆。

封釉和抛光都是专业的汽车美容方法，车主进行作业时应选择正规的操作单位。

三、车身油漆的日常维护

1）要及时清除车体上的灰尘，尽量减少车身静电对灰尘的吸附。

2）雨后及时冲洗。雨后车身上的雨渍会逐渐增大，如果不尽快用清水冲洗雨渍，久而久之就会损害面漆。

3）应待发动机冷却后再洗车，不要在烈日或高温下清洗车辆，以免洗洁剂被烘干而留下痕迹。平常自己动手冲洗车辆时要使用专用的洗涤剂和中性活水，不应使用碱性大的洗衣粉、肥皂水和洗涤灵，以免洗掉漆面中的油脂，加速漆面老化。

4）擦洗车辆要用干净、柔软的擦布或海绵，防止混入金属屑和沙粒，勿用干布、干毛巾、干海绵擦车，以免留下划痕。擦拭时，应顺着水流的方向自上而下轻轻地擦拭，不应画圈和横向擦拭。

5）对一些特殊的腐蚀性极强的痕迹（如沥青、鸟粪、昆虫尸体等），要及时清除。对此，必须使用专用的清洁剂清洗，不要随意使用刀片刮削或用汽油清除，以免伤害漆面。

行动领域

1. 清洗汽车表面的准备工作（图4-41）

用肥皂水清洗汽车的脏污表面。采用去蜡除油剂清洗车身表面的蜡和油脂。

2. 损伤部位的打磨（图4-42）

对损伤区域进行打磨，并形成薄边，以便刮涂腻子。喷涂防锈底漆。

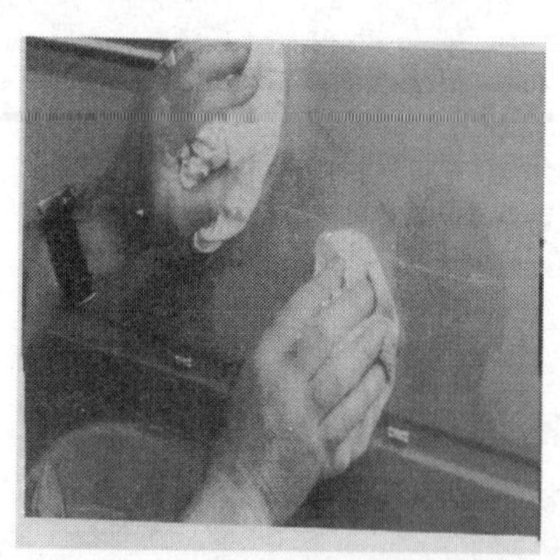

图4-41 清洗汽车的脏污表面

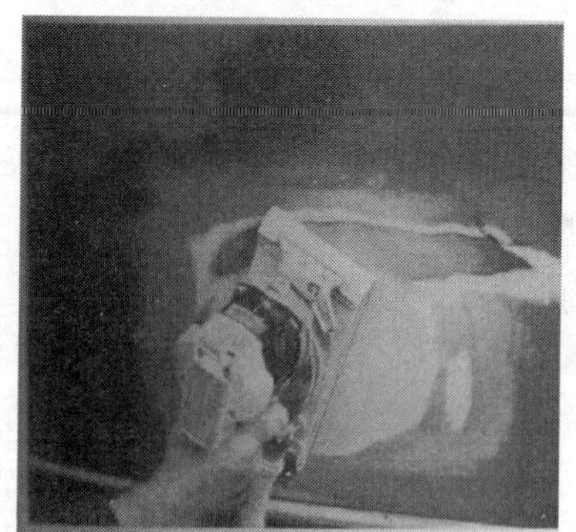

图4-42 损伤部位的打磨

3. 涂敷填充剂层（图4-43）

填充剂层通常为两到三层，切记第一层不要刮涂太厚，这样会影响填充剂的粘结力。混合填充剂的时候，要注意填充剂和硬化剂的比例（一般为30:1～40:1）。

4. 打磨填充剂（图4-44）

填充剂保持半干燥后才可进行（不粘手，用指甲刮涂表面泛白）检验（可通过触觉感受表面是否已达到平整和光滑），注意使用适当型号的砂纸。

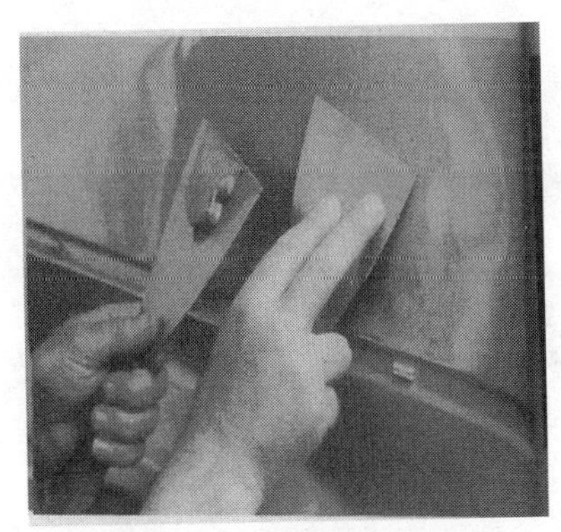

图 4-43　涂敷填充剂层

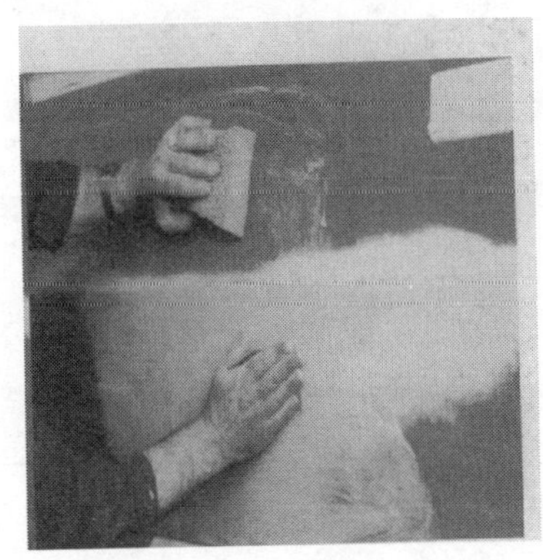

图 4-44　打磨填充剂

5. 喷涂中涂底漆（图 4-45）

一般修理厂使用的是环氧树脂底漆材料（用于防腐，并为面漆提供足够的附着力），若发现缺陷，可使用聚酯油灰（二道浆）进行针孔和砂眼的填补。再一次进行表面处理，采用更细的砂纸打磨清洁并使用粘尘布涂底漆打磨。

6. 遮盖（图 4-46）

对不需要喷涂的表面进行遮盖。使用的材料为遮盖纸和胶带（很多的修理厂采用旧的报纸代替），应该按照从里到外的顺序进行。建议在喷漆房外面进行，防止将污染物带入喷漆房。

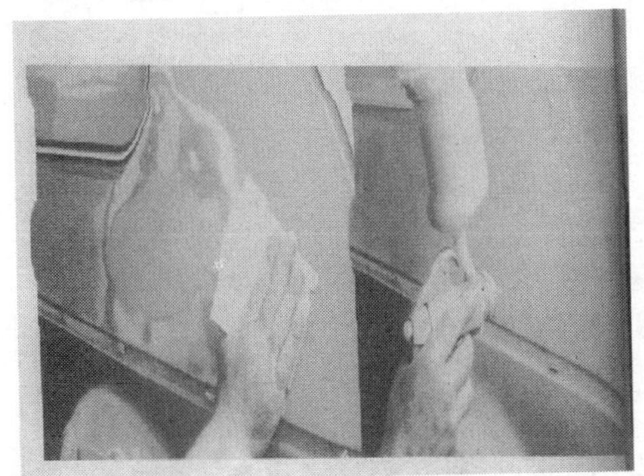

图 4-45　喷涂中涂底漆

图 4-46　遮盖不需要喷涂的表面

7. 喷涂面漆（图 4-47）

调节好喷漆房的控制装置后，就可以喷面漆了。

图 4-47　喷涂面漆

项目五

汽车发动机维护

项目任务书

随着汽车技术的快速发展，汽车的产品质量已经上了一个新的台阶，汽车的故障率越来越低，维护已成为汽车维修与使用的头等大事，以养代修，成为现代汽车维修的基本理念。只要对发动机进行定期维护，发动机的故障率就可以大大降低。

项目名称	汽车发动机维护
学习目标	1. 能够在职业领域的典型工作范围内，了解汽车发动机维护的意义 2. 能够使用和获取技术资料，遵守服务规范等规章制度，确保汽车在各种情况下的正常行驶
技能目标	掌握汽车发动机维护周期和操作步骤
情感目标	通过学习汽车发动机维护方法，培养积极学习、严谨操作的学习态度，并在任务中渗透安全、规范、文明操作及保护环境的要求
学习重点	1. 按照维修手册和任务指导书，完成任务工单 2. 掌握各系统维护的步骤和注意事项
教师活动	1. 讲解、示范作业流程、操作步骤、技术规范和安全注意事项 2. 在任务过程中，检查、指导、监督和纠正学生实训中的错误 3. 制定任务工单，组织教学过程，引导和激发学生主动学习 4. 讲解与项目相关的知识，运用维修手册指导学生规范操作，做到对知识点融会贯通
学生活动	1. 学生按制定的操作计划，分配各自任务 2. 以主动学习为主，完成任务项目
自我评价	○ 优　　○ 良　　○ 及格　　○ 不及格

任务一　安全准备工作

任务情景

小王是某4S店维修工，该4S店建立了健全的安全生产责任制，具有安全生产规章制度和安全操作规程，小王每次工作时都严守安全操作规程和安全生产规章制度。小王在发动机维护作业前都要做哪些准备工作呢？

任务描述

本任务要求掌握安全操作规程和安全生产规章制度，清楚在发动机维护操作工作前应做哪些准备工作，将安全生产理念融入工作的方方面面。

学习领域

一、发动机维护作业工量具准备

（1）各类普通扳手　详见本书项目一。

（2）轮胎气压表　详见本书项目一。

（3）万用表　万用表又称为复用表、多用表、三用表、繁用表等，是电力电子等部门不可缺少的测量仪表，一般以测量电压、电流和电阻为主要目的。万用表按显示方式分为指针万用表和数字万用表，是一种多功能、多量程的测量仪表。一般万用表可测量直流电流、直流电压、交流电流、交流电压、电阻和音频电平等，有的还可以测交流电流、电容量、电感量及半导体的一些参数等。汽车上常用万用表测量蓄电池电压（详见本书项目七中的任务一）。

（4）汽车故障诊断仪　汽车故障诊断仪（又称车辆故障自检终端、汽车解码器）是用于检测汽车故障的便携式智能故障自检仪，用户可以利用它迅速地读取汽车电控系统中的故障，并通过液晶显示屏显示出故障信息，迅速查明发生故障的部位及原因。

（5）三件套　汽车三件套是指一次性座椅套、地板垫和转向盘套，维修人员作业时使用三件套，可确保驾驶室内清洁干净。

（6）车轮挡块　车轮挡块广泛用于停车场及车辆维护作业中，可以有效防止汽车滑动。

（7）前格栅布及翼子板布　前格栅布一块，安放在汽车前格栅部位；翼子板布两块，安放在汽车前端两侧翼子板部位。作业中使用前格栅布和翼子板布，可以有效防止维修人员衣物上的硬物（如拉链等）对车体的刮擦。

二、发动机舱盖手柄

发动机舱盖手柄（按钮）是打开发动机舱盖的操作件，位于仪表板下方（图 5-1），拉起手柄或按下按钮，发动机舱盖打开；提起发动机舱盖边缘上的锁舌（图 5-2），即可掀开发动机舱盖；关闭时，从外部放下发动机舱盖，按落到底就位并卡紧。

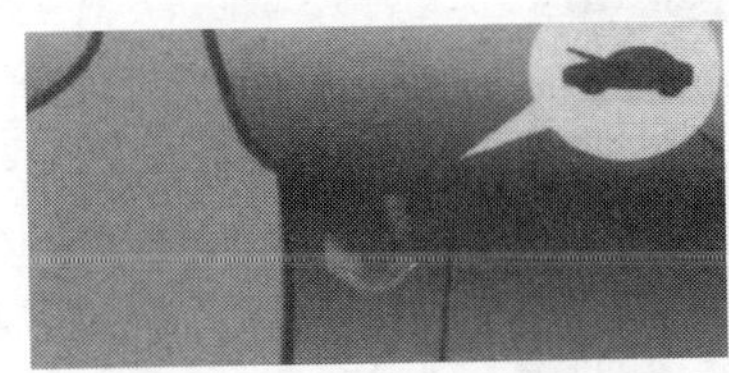

图 5-1　发动机舱盖手柄位置

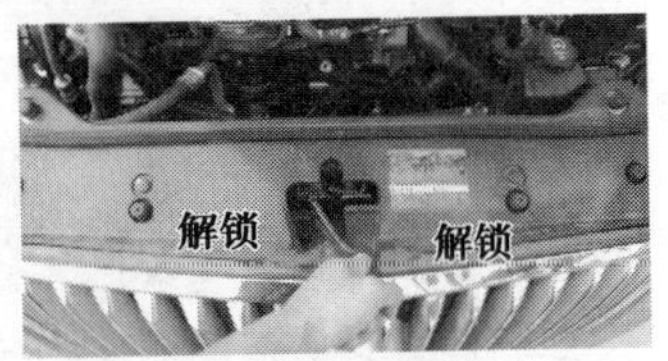

图 5-2　发动机舱盖边缘上的锁舌

行动领域

1）准备好工具、工作台、汽车故障诊断仪、维修手册及其他备品，如图 5-3 所示。

2）将车辆准确驶入维护工位，安装车轮挡块，如图5-4所示。

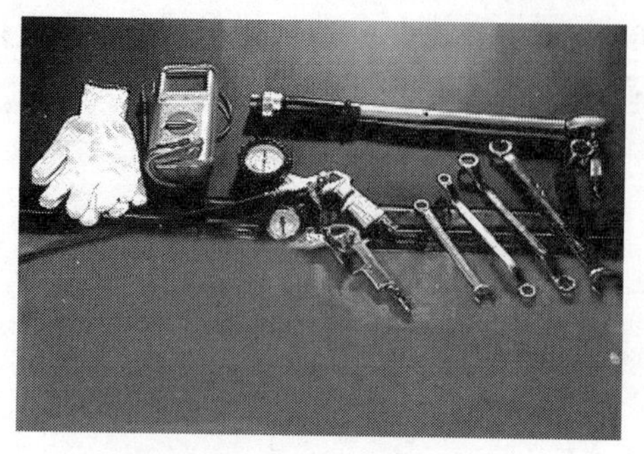

图5-3 准备工量具和备品

图5-4 安装车轮挡块

3）安放座椅套、地板垫、转向盘套，如图5-5所示。

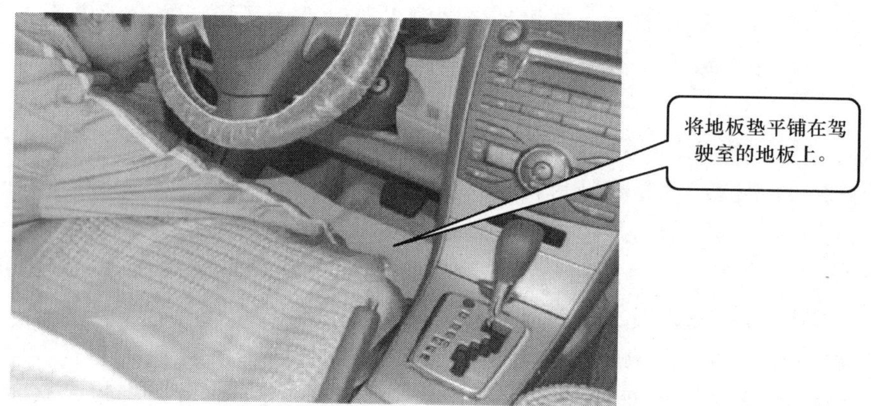

图5-5 安放座椅套、地板垫、转向盘套

4）释放发动机舱盖手柄，打开并正确支好发动机舱盖，如图5-6所示。

图5-6 支起支撑杆

5）安放前格栅布及翼子板布，如图 5-7 所示。

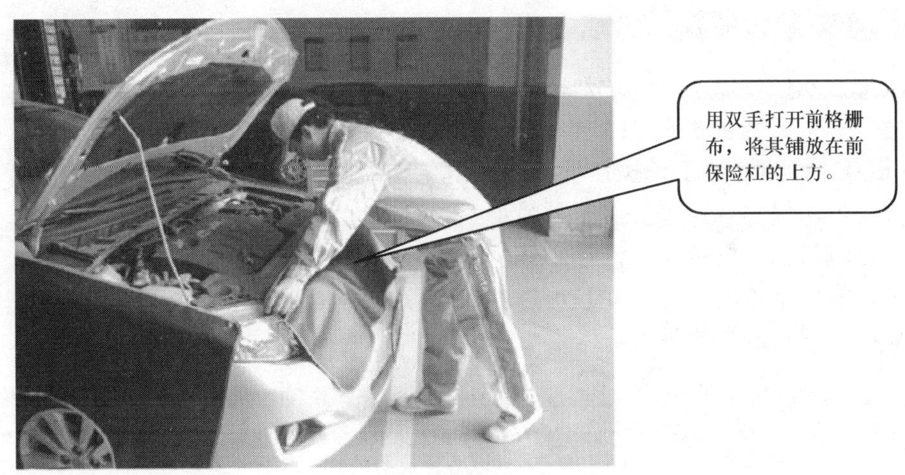

图 5-7　安放前格栅布及翼子板布

任务二　发动机电脑诊断的内容及操作过程

任务情景

李先生在 2010 年购入了一款三厢车，近期在行车途中发现发动机有抖动现象，工作不平稳。李先生担忧行车安全，便把车开去了 4S 店检查维修。4S 店的张师傅利用先进的故障诊断仪，加上多年的诊断经验，轻松地排除了此故障。

任务描述

随着汽车工业的不断发展，发动机电控技术日趋完善，发动机电脑诊断技术也广泛地运用于汽车维修工作。维修人员可以利用先进的故障诊断仪迅速地读取汽车电控系统中的故障，并通过液晶显示屏显示的故障信息，迅速查明发生故障的部位及原因。本任务将对使用故障诊断仪的方法进行详细描述。

学习领域

一、汽车故障诊断仪的用途

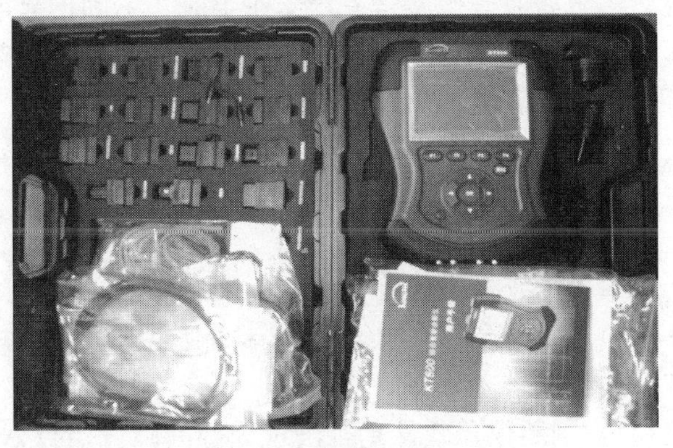

图 5-8　汽车故障诊断仪

图 5-8 为检测汽车故障的便携式智能汽车故障诊断仪，维修人员可以利用它迅速地读取汽车电控系统中的故障，并通过液晶显示屏显示故障信息，迅速查明发生故障的部位及原因，与传统的汽车故障自检仪需要查阅说明书中的故障码表相比省时、方便。重型货车、轻型货车、客车、

工程机械都可以使用汽车故障诊断仪直接进行汽车故障检测。

二、汽车故障诊断仪的特点

汽车故障诊断仪可以手动读取故障码和清除故障码，外形小巧便于携带，操作简单，性价比高，适合车主或驾驶员使用，专车专用，准确无误。使用者把设备与汽车电脑诊断座（图5-9）相连，即可通过手动操作上面的按键来读取或清除汽车电控系统中的故障。汽车故障诊断仪还可使保养灯归零。汽车故障诊断仪可以读取数据流，读取对汽车产生重要影响的运行参数，包括发动机转速、汽车车速、冷却液温度、进气温度、节气门开度、蓄电池电压、点火角、氧传感器电压等，并且可以获得参数的详细情况，通过将该参数的实际数值与参考值比较可以判断该参数是否异常。

图5-9 汽车故障诊断仪接口位置

三、操作方法

不同的车系对应不同的汽车故障诊断仪插头，目前市面上多为OBD2和OBD2带CAN的插头。选对插头后，找到车辆诊断仪插头（大部分在转向盘下面左右两侧），然后进入系统。系统如何操作需要查看操作手册，不同型号的诊断仪器的操作可能有所不同，而且不同车系的操作也不一样。有些比较直观一看就可以明白，如ABS、气囊发动机控制系统等，而有的则比较麻烦，如大众系列的需要记下通道号。当然，手册里面也有所说明，但这些都需要在对汽车和诊断仪器的有所了解之后才可以做到。

四、注意事项

当汽车故障诊断仪无法读取汽车故障时：

1）检查汽车故障诊断仪的检测插头与车辆检测座是否接触不良，清除干净插头和检测座上的灰尘。

2）判断仪器软件是否出现内部故障，对仪器进行升级后再测，仍无法检测可与厂家联系处理。

3）检测仪、数据线、检测插头、车辆检测座未正确连接，重新检查连接。

一、检查发动机电脑控制系统相关线束与部件

1）检查发动机舱各传感器、执行器及其线束。

2）检查发动机电脑板及诊断座的外观及安装情况。

二、检查发动机电脑控制系统相关指示灯

1）点火开关置于“ON”位置，但不起动发动机，检查仪表板各指示灯与警告灯的点亮情况，如图5-10所示。

图5-10　点火开关置于“ON”位置

2）正常起动发动机，检查仪表板各指示灯与警告灯的点亮情况，如图5-11所示。

图5-11　正常起动发动机

三、调用发动机电脑控制系统的故障码及数据流

1）正确选择接头，正确连接汽车故障诊断仪。

注意：当蓄电池电压低于11.5V时，汽车故障诊断仪无法正常工作，因此应该首先测量蓄电池电压，保证电压在正常范围内，如图5-12所示。

2）正确操作汽车故障诊断仪读取故障码及数据流（图 5-13），并进行记录与备份。

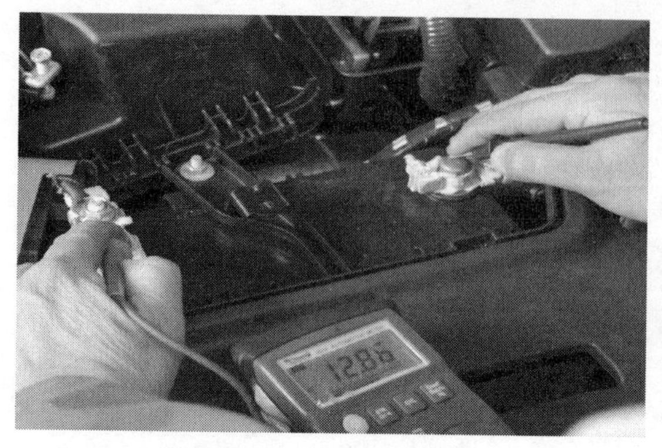

图 5-12 测量蓄电池电压

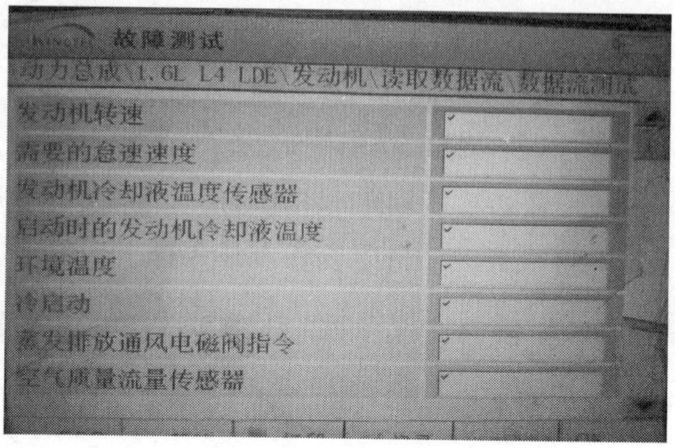

图 5-13 读取故障诊断仪上的故障码及数据流

任务三 发动机润滑系统的维护

任务情景

李先生开车前发现自己的车子漏机油，并且看到机油颜色发黑浑浊。于是，李先生立即将车开去 4S 店维护，4S 店工作人员认真进行检查维修，并换上了新机油。

任务描述

很多车主会抱怨自己的车子漏机油，或是发现机油又黑又稠，这时应该提高警惕，及时对发动机润滑系统进行维护。本任务将对维护发动机润滑系统的操作做详细阐述。

学习领域

一、发动机润滑系统的组成及功能

1. 组成

发动机润滑系统由机油泵、集滤器、限压阀、油道和机油滤清器等部件组成。

2. 功能

润滑系统的功能是向做相对运动的零件表面输送定量的清洁润滑油，以实现液体摩擦，减小摩擦阻力和机件的磨损，并对零件表面进行清洗和冷却。润滑系统如图 5-14 所示。

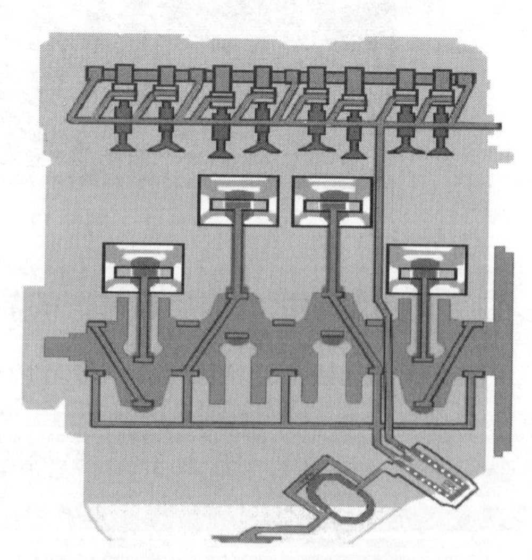

图 5-14 润滑系统示意图

二、发动机润滑系统维护的要领

1. 日常保养

尽量在修理厂技术工人的指导下进行，使

用特约维修站规定的润滑油和机油滤清器。

2. 定期对润滑系统进行清洁

由于长时间的高温，在润滑系统中会有一部分胶质进入到润滑油中，它与润滑油中的灰尘、金属杂质、硅酸盐和其他一些杂质粘结在一起，会影响油路的畅通。优质的润滑系统添加剂能将油泥分解，使润滑油中的胶质、灰尘、金属杂质和硅酸盐等能均匀分散到旧的润滑油中，最后随旧润滑油一起被排掉。

3. 机油保护剂的添加

在修理厂维修工的指导下加入一定量的机油保护剂。特别需要指出的是：增加润滑油的抗磨、抗氧化等功能，也可以提高机油的 TBN 值，还可以对机油的黏度指数进行改善，增加对发动机的冷起动保护。

4. 推行正确的润滑系统维护计划

让车主逐渐养成维护的持续性。通过对实效性和经济性等方面的介绍，让车主了解到全面润滑系统维护和普通维护的区别。全面润滑系统维护必须以完善的车档记载及管理为依据，也是修理厂、特约维修站从等客上门转变为预约上门的新状态，做到防患于未然。

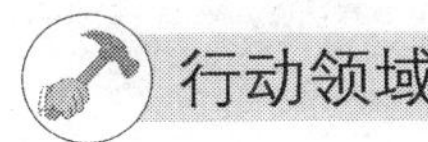

更换机油及机油滤清器的步骤如下：

1）开启机油加注口盖并移除机油尺，如图 5-15 所示。

图 5-15　开启机油加注口盖

2）举升车辆到高位，如图 5-16 所示。

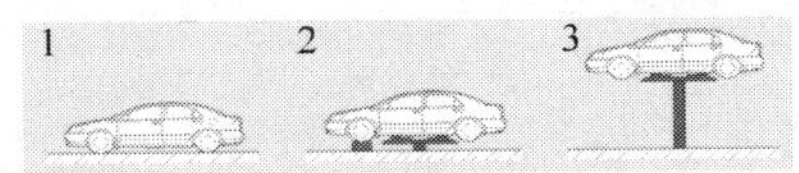

图 5-16　车辆举升各位置示意图

3）查看油底壳及机油滤清器处是否漏油。

4）安放机油接收器，拆卸机油排放塞及垫片，并排放机油，如图 5-17 所示。

5）更换机油滤清器。

6）安装排放塞及垫片，拧紧至规定转矩，如图 5-18 所示。

图 5-17 排放机油

图 5-18 安装排放塞及垫片并拧紧

任务四 发动机冷却系统的维护

任务情景

张先生在行车过程中发现冷却液温度表显示的温度很高，已超过了正常范围，于是将车开到维修厂进行检查。维修人员对发动机冷却系统进行了全面的维护检查作业，最终排除了故障。

任务描述

冷却系统能将发动机热量及时散发出去，保证发动机正常运行。冷却液温度表为驾驶员判断冷却系统正常与否提供重要的参考数据，冷却液温度过高或过低都对发动机工作不利，应提高警惕，定期对发动机冷却系统进行全面维护，另外在行车中应注意冷却液温度的变化。

学习领域

一、冷却系统的组成及功能

1. 组成

水冷式冷却系统由水套、水泵、散热器、风扇、节温器等组成；风冷式冷却系统由风扇和散热片等组成，如图 5-19 所示。

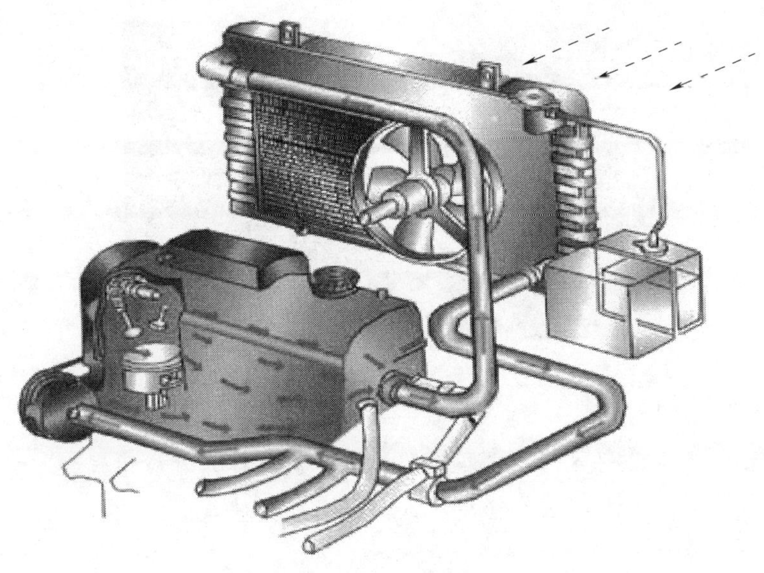

图 5-19　冷却系统示意图

2. 功能

冷却系统的功能是将受热零件吸收的部分热量及时散发出去，保证发动机在最适宜的温度状态下工作。

二、发动机冷却系统的维护要领

1）应在开车前检查散热器是否装满水，不要用泥浆水或含盐分的水。井水及泉水中含有较多的矿物质，加入散热器后容易产生水垢，影响散热，也不应使用，故应加入洁净水。

2）如果经常加不洁净的水、泉水或含盐分的水，发动机累计工作 1400h 后，应清洗散热器一次。清洗方法：把散热器中的脏水放掉，加满配方水，开动发动机，运转 5～10min，停车后过一夜，第二天重新起动发动机运转 5～10min，然后将清洗水放掉，反复加入二三次清洗水。清洗散热器均以发动机中速运转 5min 为佳。注意：因配方水有腐蚀性，如果发动机机体及气缸盖是铝合金的，则不能用此配方水清洗散热器。

3）工作时随时检查散热器是否缺水。当发现散热器的水不足时，有条件的应及时添加热水。如果发动机工作时温度很高，加入冷水时要小心，不要把冷水渗漏到发动机机体及气缸盖上，避免气缸盖产生裂缝。

4）冬季天气寒冷，发动机难起动，可在起动前向散热器内加入热水。

行动领域

一、检查散热器及膨胀水箱

1）检查散热器是否脏污、泄漏，散热片是否变形，散热孔是否堵塞。

2）检查膨胀水箱是否变形、损坏，相连管路是否完好有效，如图 5-20 所示。

3）用专用测试仪检查散热器盖的开启压力是否正常，检查真空阀能否平顺动作。

图 5-20 膨胀水箱

> **注意：**不要在发动机刚运行后立即打开散热器盖，打开时应用湿抹布垫在散热器盖上，松开盖等待片刻，等内部压力释放后，再取下散热器盖。

4）检查散热器盖橡胶密封垫是否有裂纹或者破损。

二、检查冷却液液面高度及品质

1. 检查冷却液液面高度

在发动机冷却的状态下，查看透明的冷却液箱。液位如果保持在储液箱的“F”和“L”标记线之间，则符合要求；如果液位在“L”线或以下，则需加注冷却液，使液面达到“F”线。在加注冷却液之后，如果冷却液液位在短时间内下降，则说明可能有泄漏，需目视检查散热器、软管、发动机冷却液加注盖、放泄旋塞以及水泵等，看看有没有水流出来。如果没有发现泄漏，则需把车辆开到指定服务站做进一步检测。需要注意的是，为防止灼伤，当发动机还发热时，不要取下散热器盖。检查冷却液液面高度如图 5-21 所示。

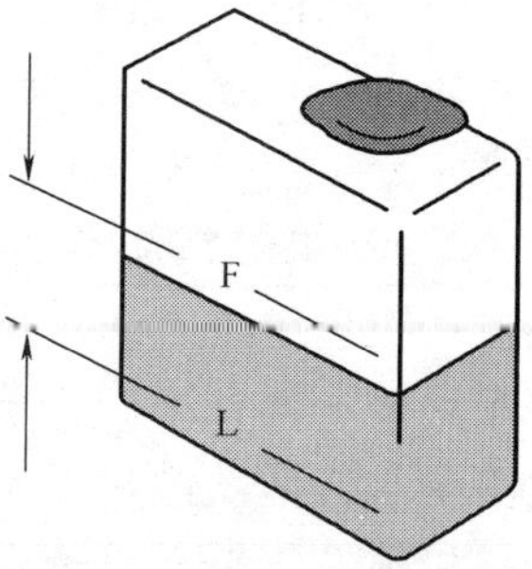

F

L

图 5-21 冷却液液面高度

2. 检查冷却液品质——外观冰点检查

冷却液冰点测试仪（图 5-22）是测量冷却液冰点的精密光学仪器。其基本原理是应用全反射临界角法测量溶液的折射率，进而标定出所测液体的浓度及其性能。由于其原理可靠，精度能满足实际需要，又有体积小、重量轻、造型美观、使用方便等优点，所以广泛应用于汽车行业。

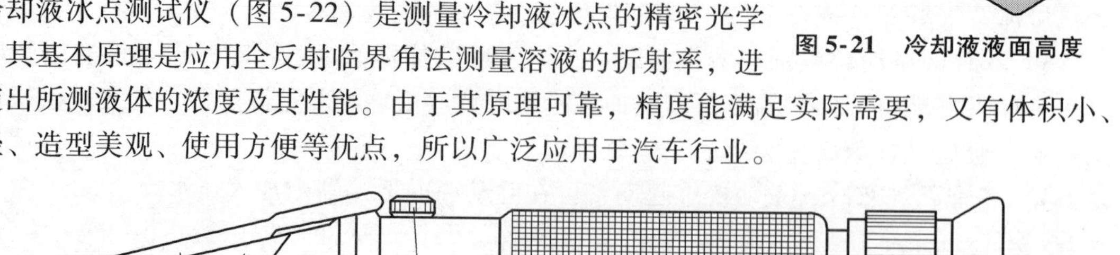

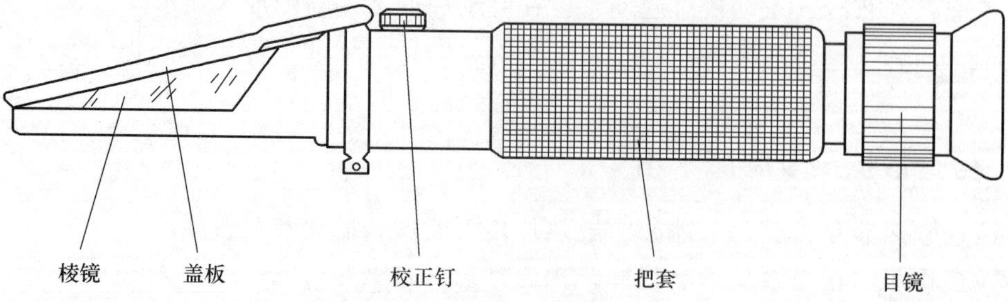

图 5-22 冷却液冰点测试仪

使用前，先将标准液滴到棱镜上，盖上盖板，通过校正钉校零，校零正确且清洁后方可使用。测量时，将待测冷却液滴到棱镜上，盖上盖板，通过目镜读取冷却液冰点（图 5-23）。

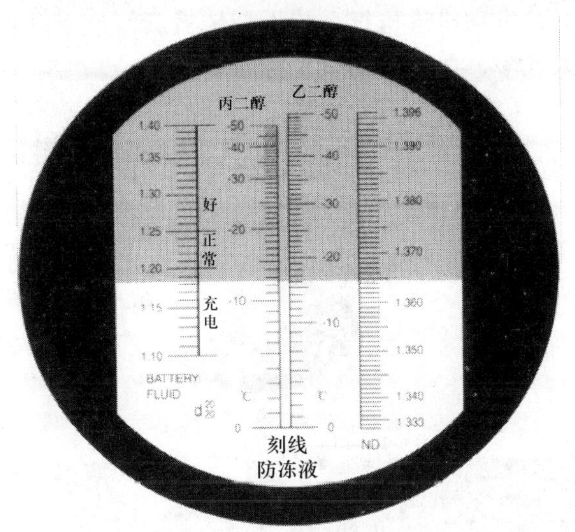

图 5-23　读取冷却液冰点

三、检查水泵、节温器及冷却风扇的工作状况

1）起动发动机，观察冷却风扇在冷车、热车及开空调时风扇的运转情况。

2）起动发动机，分别在冷车、热车时，用红外测温仪检查冷却系统的各部分冷却液温度。

3）再次全面检查整个冷却系统是否有泄漏及其他异常情况。

任务五　进排气系统的维护

任务情景

王先生开车在下班途中等红灯的时候，发现发动机有明显异响，考虑到行车安全，便将车开去 4S 店做详细检查，希望得到满意答复。维修人员在全面检查之后，发现王先生爱车的配气机构工作失常，导致怠速异响，经过维修终于解决了问题。

任务描述

发动机进排气系统也是定期维护检查的内容之一，此系统不仅关系到汽车的正常运转，更重要的是它还与我们生活的环境密切相关，保护环境人人有责，关心车辆驾驶性能的同时，更要关爱美丽的自然环境。本任务将对发动机进排气系统的维护做详细说明。

学习领域

一、发动机进排气系统的组成及功能

1. 组成

发动机进排气系统由空气滤清器、进气管、排气管和排气消声器等组成，如图 5-24

所示。

2. 功能

在发动机工作循环时，发动机进排气系统不断地将新鲜空气或可燃混合气送入燃烧室，又将燃烧后的废气排到大气中，保证发动机正常连续运转。

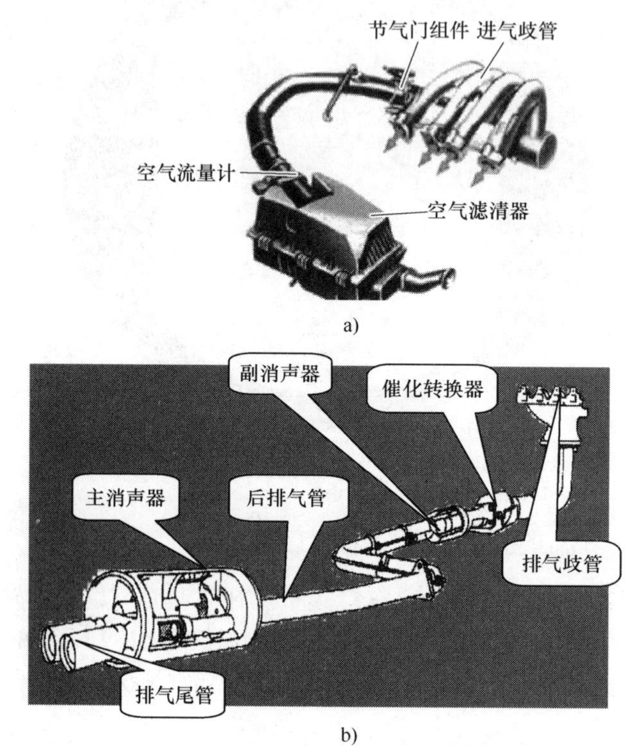

图 5-24　发动机进排气系统示意图

二、空气滤清器

空气滤清器可以滤去空气中的尘埃和杂质，将清洁的空气（或空气与燃油的可燃混合气）送入燃烧室，以减少活塞与气缸套之间、活塞组之间和气门组之间的磨损，抑制发动机的进气噪声。空气滤清器有惯性式、油浴式和过滤式三类。常用的纸质空气滤清器（图 5-25）属于过滤式空气滤清器，纸质空气滤清器在标准含尘条件下正常使用寿命为 20000～50000km。

图 5-25　纸质空气滤清器

三、三元催化转化器

三元催化转化器是安装在汽车排气系统中最重要的机外净化装置，它可将汽车尾气排出的 CO、HC 和 NO_x 等有害气体通过氧化和还原作用

转变为无害的 CO_2、H_2O 和 N_2。当高温的汽车尾气通过净化装置时，三元催化转化器中的净化剂将增强 CO、HC 和 NO_x 三种气体的活性，促使其进行一定的氧化-还原化学反应，其中 CO 在高温下氧化成无色、无毒的 CO_2 气体；HC 化合物在高温下氧化成 H_2O 和 CO_2；NO_x 还原成 N_2 和 O_2。三种有害气体变成无害气体，使汽车尾气得以净化。

行动领域

一、清洁或更换空气滤清器，检查进气系统各管路及线束

1）拆卸空气滤清器。

2）清洁空气滤清器，用压缩空气从里面对进气歧管侧向外吹，如图 5-26 所示。

3）用吸尘器或抹布清洁空气滤清器盖内的污物。

4）检查空气滤清器芯是否损坏，其上的橡胶密封是否良好。若有损坏或汽车已达更换规定的行驶里程，则需更换空气滤清器。

5）安装空气滤清器，注意滤芯的安装方向。

图 5-26　清洁空气滤清器

二、检查配气机构工作状况

1）起动发动机，在怠速状态下听发动机有无异响。

2）让发动机以 2500～3000r/min 运转 2min，仔细听配气机构有无异响。

三、检查三元催化转化装置外观及工作情况

1）起动发动机，将车辆举升到高位。

2）戴上手套，检查三元催化转化装置（图 5-27）及整条排气管路外观是否破损或松脱。

3）用红外测温仪从前至后检查三元催化转化装置及整条排气管外壳的温度渐变情况。

4）检查气门室上盖外观，检查进排气歧管及消声器（图 5-28），并视情况进行紧固。

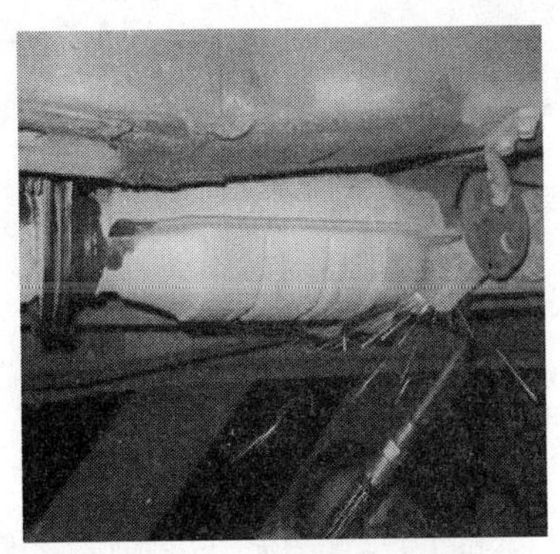

图 5-27　三元催化转化装置

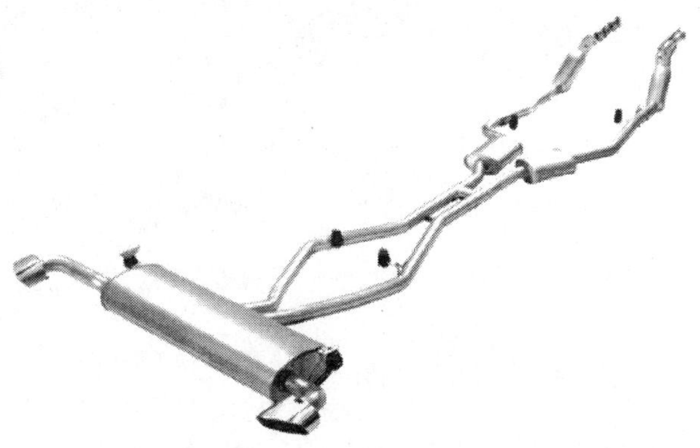

图 5-28　排气歧管及消声器

任务六　燃油供给系统的维护

任务情景

李先生在行车中感觉自己的车提速稍缓，一开始并未放在心上，可时间久了越来越觉得汽车驾驶性能不佳，于是将车开去检查。维修人员拆下李先生汽车的汽油滤芯，发现里面全是污垢和土，长期未更换汽油滤芯会导致汽车性能不佳。在更换之后，李先生明显感觉汽车加速更有劲了。

任务描述

汽油滤清器可以过滤平时所加汽油中的杂质，时间长了，若不更换，或是延迟更换，肯定会影响汽车性能。因此，要定期更换汽油滤清器。除此之外，还要定期对发动机燃油供给系统进行维护，保障汽车正常供油，使汽车保持优良的驾驶性能。本任务将对发动机燃油供给系统的维护做详细阐述。

学习领域

一、发动机燃油供给系统的组成及功能

电控燃油喷射供给系统由空气供给系统、燃油供给系统和电子控制系统组成，如图5-29所示。汽油机燃油供给系统的功用是根据发动机的要求，配制出一定数量和浓度的混合气，供入气缸，并将燃烧后的废气从气缸内排出到大气中去。柴油机燃油供给系统的功用是把柴油和空气分别供入气缸，在燃烧室内形成混合气并燃烧，最后将燃烧后的废气排出。

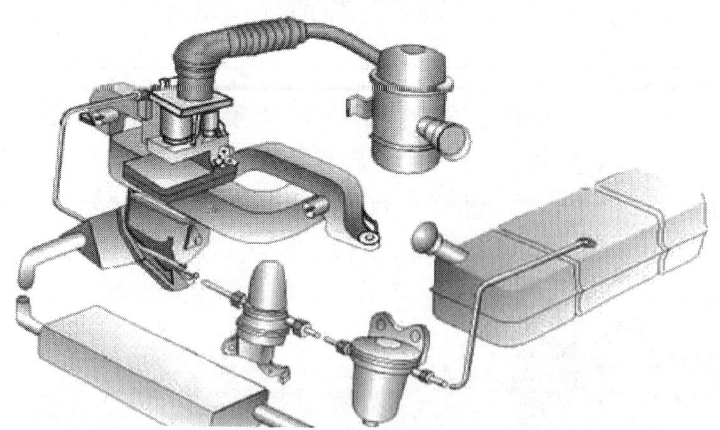

图5-29　燃油供给系统

二、汽油滤清器（图5-30）

一般汽油中都存在各种杂质，油箱长时间使用也会沉淀一定的污垢，以上原因都会影响汽油质量。汽油滤清器的作用是过滤上述杂质，油箱内的汽油经过汽油滤清器的过滤到达发

动机的燃烧室，其清洁纯度可以得到有效保障。汽油滤清器的推荐更换周期应根据其自身的结构、性能和用途等的不同而有所差异，并不能一概而论。大多数汽车制造商对汽油滤清器正常维护的推荐更换周期为 48000km，保守维护的推荐更换周期为 19200 ~ 24000km。如果车主不确定，可以翻阅车主手册查找出正确的推荐更换周期。

图 5-30 汽油滤清器

三、更换汽油滤清器的注意事项

1）汽油滤清器更换安装后，要注意接口的密封性，警惕漏油现象。

2）爱护汽油滤清器，尽量使用汽车厂家规定的配套标号汽油。

3）汽油滤清器有进出油口箭头标记，更换时切勿装反。

4）安装时，用力将整个滤清器按回滤清器卡座，滤清器出口插口用力插回时，能听见“哒”的一声锁定。然后，插回滤清器搭铁插头，也能听到“哒”的一声锁定。

行动领域

一、更换汽油滤清器

1）拔掉单独控制燃油泵的熔丝或断开燃油泵的电气插接器，起动发动机到自行熄火进行燃油卸压。普通汽油滤清器结构如图 5-31 所示。

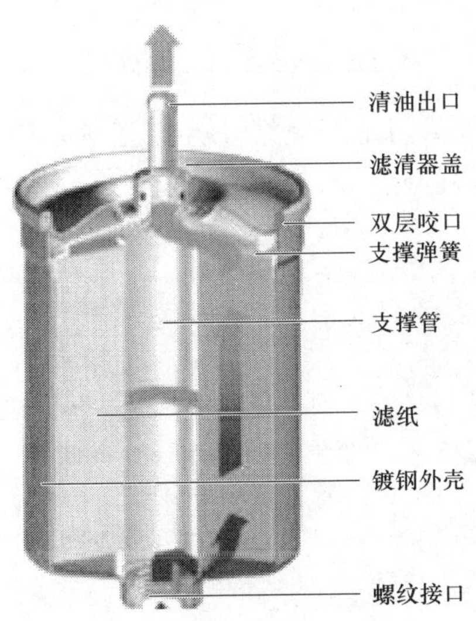

图 5-31 普通燃油滤清器

2）拆卸汽油滤清器，在滤清器下方垫一块抹布或放一个接油盘，以免汽油溅在车身或地上。用扳手夹住滤清器本体上的螺母，用另一把扳手松开管连接螺栓，取出汽油滤清器，如图 5-32 所示。

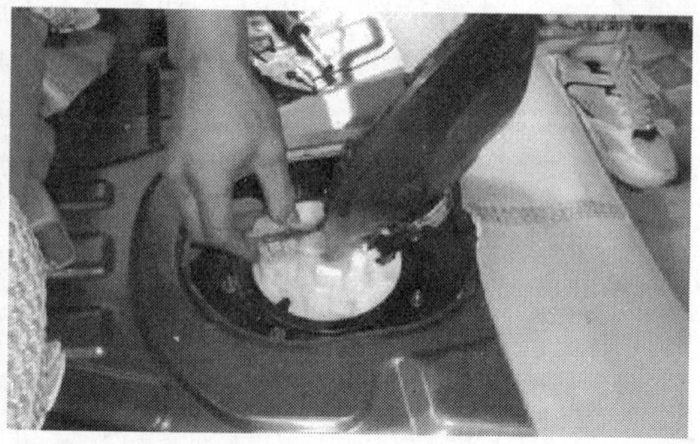

图 5-32 拆卸汽油滤清器

3）安装新的汽油滤清器，方法参照拆卸过程，应注意更换新的垫片。

二、检查油路

1）观察燃油供给系统各组件及之间有无漏油的痕迹。

2）车辆停置一段时间后，仔细观察仪表盘上燃油表的情况，如有明显下降则要检查泄漏情况。

3）用仪器检查燃油压力是否在正常范围之内。

三、检查燃油压力及系统保持压力

1）将车辆降至低位，对系统进行卸压，在燃油轨道进口接上燃油压力表，再起动发动机检测燃油压力是否在规定范围内。

2）将发动机熄火，静置 5min，检测系统保持压力是否在规定范围内。

四、检查油箱盖及燃油蒸发控制装置工作情况

1）打开油箱盖，首先检查盖门是否完好（开启正常，锁止良好）；之后检查油箱盖是否完好，旋紧是否正常，如图 5-33 所示。

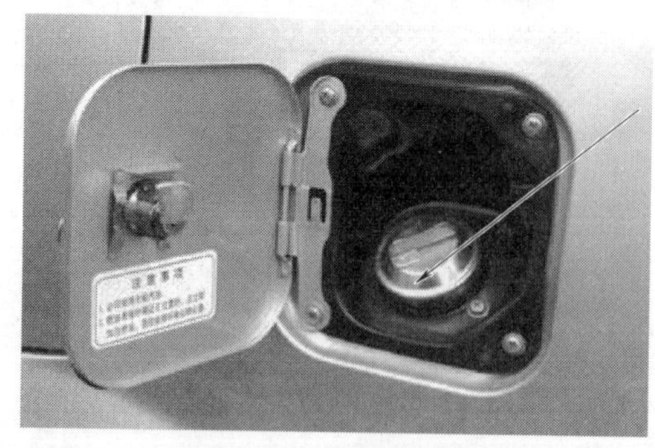

图 5-33 旋紧油箱盖

2）检查活性炭罐的安装是否牢固，炭罐及其管路是否有损坏，如图 5-34 所示。

3）检查阀门工作情况。

图 5-34　检查活性炭罐

项目六

汽车底盘维护

项目任务书

汽车底盘承载发动机、车身和部分电气设备，并接受发动机输出的动力，通过各种机构传送给驱动轮，可使其转速降低、转矩增大，驱动车辆前进或倒退。汽车底盘由传动系统、行驶系统、转向系统、制动系统组成，如图6-1所示。为提高舒适性和安全性，汽车底盘上还设置了控制方向、减轻振动等装置。本项目主要介绍底盘四大系统的维护，通过项目学习，学生应了解汽车底盘的基本组成和结构，掌握底盘维护作业的内容和基本要求，为汽车维护作业打好基础。

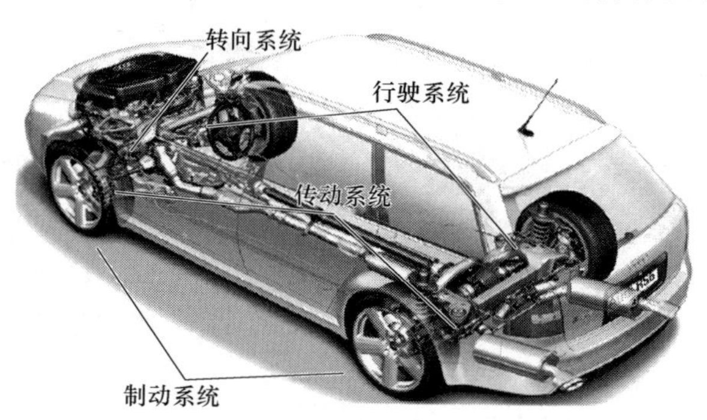

图6-1　奥迪汽车底盘的组成

项 目 名 称	汽车底盘维护
学习目标	1. 了解汽车底盘维护的意义 2. 学习汽车底盘维护的要求与步骤
技能目标	掌握底盘维护的周期、操作步骤和注意事项
情感目标	通过学习底盘的检查方法，培养学生积极学习、严谨操作的学习态度，并在任务中渗透安全、规范、文明操作及保护环境的要求
教学重点	掌握底盘维护的意义
教师活动	1. 讲解、示范作业流程、操作步骤、技术规范和安全注意事项 2. 在任务过程中，检查、指导、监督和纠正学生实训中的错误 3. 组织教学过程，引导和激发学生主动学习 4. 讲解与项目相关的知识，运用维修手册指导学生规范操作，做到对知识融会贯通
学生活动	学生按制订好的操作计划，分配各自任务
自我评价	○ 优　　○ 良　　○ 及格　　○ 不及格

任务一 汽车传动系统的维护

任务情景

一辆普通桑塔纳轿车在挂倒档时有异响，能听到齿轮的撞击声，但能正常行驶及倒退，挂入前进档时未出现异响。假如你是修理工，你会怎么做?

任务描述

根据此故障现象初步分析为离合器的分离不彻底。离合器分离不彻底有两种情况：一是离合器踏板踩到底，挂档困难或行驶中换档困难；二是即便勉强挂上档后，尚未放松离合器踏板时，汽车就已开始行驶。

试车时不打开点火开关，先挂上档，松开驻车制动，将离合器踏板踩到底，起动发动机。此时发动机不论是否着火，汽车前进，即可确认离合器分离不彻底，需要检查和调整离合器踏板自由行程。

学习领域

一、传动系统

1. 组成

普通传动系统由离合器、变速器、万向传动装置、驱动桥等部分组成，如图 6-2 所示。现代汽车越来越普遍采用以液力变速器取代机械式传动系统中的离合器和变速器。

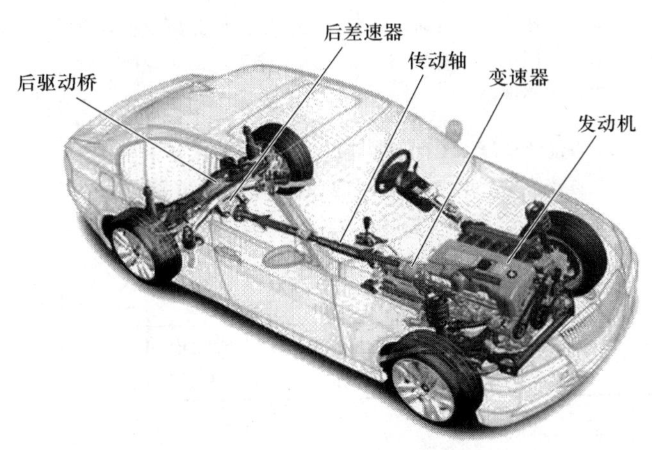

图 6-2 传动系统的组成

2. 功能

传动系统的首要任务是与发动机协同合作，将动力传递给驱动轮，保证汽车能在不同使用条件下正常行驶，并具有良好的动力性和燃油经济性。传动系统的功能主要有以下几点：

1）实现汽车减速增扭。只有当作用在驱动轮上的驱动力足以克服外界对汽车的阻力时，汽车方能起步和正常行驶。

2）实现汽车变速。要求汽车能在实际装载质量、道路坡度、路面状况、道路宽度等交通条件变化的情况下，车速都能在很大范围内不断变化，也要求汽车牵引力具有相当大的变化范围。

3）实现汽车倒车。汽车在某些情况下，如在停车场、车库掉头等，需要倒向行驶时，保证发动机旋转方向不变的情况下，能使驱动轮反向旋转。

4）必要时中断传动系统的动力。在汽车起步之前，必须将发动机和驱动轮之间的动力传递路线切断，以便起动发动机。此外，在变速器换档时，以及对汽车进行制动前，都有必要暂时中断动力传递，即在发动机和变速器之间可装设离合器。

在汽车长时间停驻时或发动机不停运转的情况下，使汽车暂时停驻，或在汽车获得相当高的车速后，欲停止对汽车供给动力等，传动系统应能长时间保持中断动力传递状态，为此，变速器设有空档。

5）使车轮具有差速功能。当汽车行驶转弯时，使左右两个驱动轮能以不同角速度旋转，动力由主减速器传到差速器，再由差速器分配给左右两个半轴，最后传到两个驱动轮。

二、汽车传动系统维护的内容与意义（表6-1）

表6-1 汽车传动系统维护的内容与意义

内容	技术要求	意义
检查离合系统的踏板行程、油面高度及工作状况	离合器液压油液面正常；离合器踏板总行程、自由行程及高度在规定范围内；离合器工作状况正常，结合平稳，无抖动和异响，不打滑，分离彻底	保证离合系统工作正常、可靠
检查手动驱动桥的外观与性能，齿轮油的油质与油量，检查换档机构工作状况	手动驱动桥外观无破损，无漏油，各部分连接可靠；通气孔塞清洁、畅通；齿轮油无变质，油面高度符合要求；换档机构操纵灵活、轻便，工作正常，无异响、跳档、乱档现象	确保手动驱动桥工作正常、可靠
检查自动驱动桥的外观与工作性能，检查ATF油质与油量，检查变速杆工作状况	自动驱动器ATF油质正常，液面符合技术要求；仪表盘各档位显示正常，变速杆灵活可靠，P、R档锁止可靠，只有P、N档方能起动发动机；自动驱动桥各档位转换正常，电控系统无故障码，各数据流正常；各档位时滞试验数据正常	确保自动驱动桥工作正常、可靠
驱动轴、防尘套的维护	防尘套无裂纹、损坏，卡箍可靠，支架无松动；驱动轴万向节不松旷、无卡滞与异响	确保驱动轴、防尘套功能正常

行动领域

一、离合器的维护

1）将车辆停至低位，安放车轮挡块和翼子板布，打开发动机舱盖。

2）检查离合器液位。检查离合器总泵储液罐中的液面是否在最高刻度（MAX）和最低刻度（MIN）之间，如图6-3所示。

注意： 有些车型具有单独的离合器储液罐，大多数车型离合器使用的是制动总泵储液罐。若离合器液溅到油漆表面，应立即用水冲洗，否则，离合器液将损坏油漆表面。

3）检查液体是否渗漏。检查离合器的各部分是否有液体渗漏。检查离合器总泵、分泵及管路，以确保液体无渗漏。

4）检查踏板性能。踩下离合器踏板时，检查是否存在以下故障：踏板回弹无力，有异常噪声，过度松动，脚踩踏板沉重。

5）检查离合器踏板高度。使用一把钢板齿检查离合器踏板高度是否处于标准值以内，若超出标准范围，应调整踏板高度。

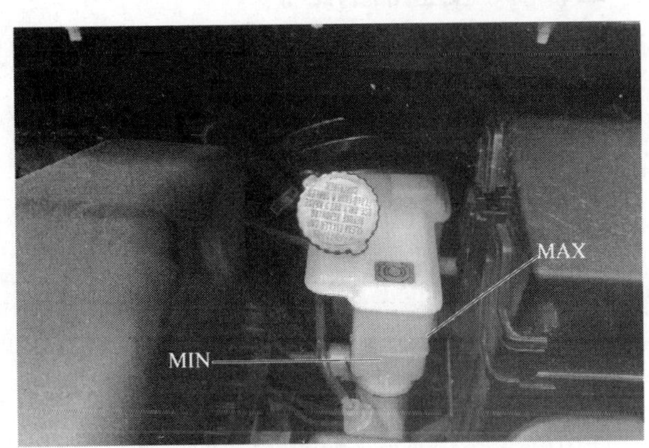

图 6-3　离合器液位

6）检查踏板自由行程。用手指按压踏板并使用一把直尺测量踏板的自由行程量是否处于标准范围内，若超出标准范围，应调整踏板高度，如图 6-4 所示。

7）检查离合器分离点。起动发动机，使发动机怠速运转，在未踩下离合器踏板时，慢慢地换档至倒车档，并逐渐踩下离合器踏板，测量踏板的自由状态到齿轮噪声停止进入啮合位置的行程量。

8）检查离合器磨损、离合器噪声、离合器变重情况。发动机怠速时，踩下离合器踏板，换到一档或者倒车档，并检查是否有异常噪声和换档是否平稳。同时检查在踩下离合器踏板时，其踏板力是否可以接受，如图 6-5 所示。

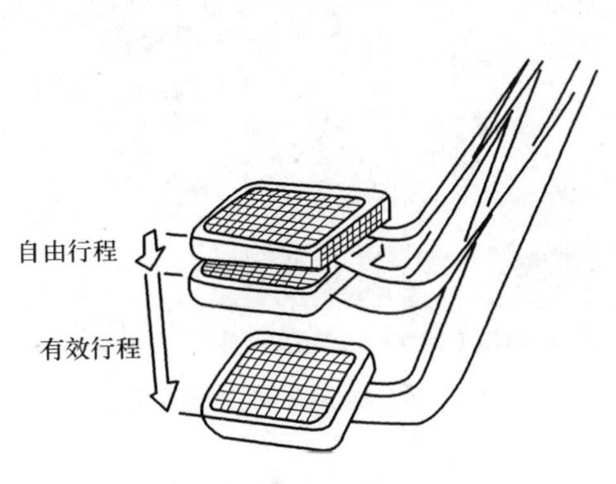

图 6-4　离合器自由行程

图 6-5　离合器总成的检查

二、手动变速器油位的检查

1）举升车辆至合适高度。

2）检查手动变速器油是否渗漏。检查传动桥壳接触面、轴和拉锁伸出的区域，以及油封、排放塞和加注塞等处是否有渗油现象。

3）检查变速器的油位。从传动桥上拆卸油加注塞。将手指插入塞孔，并且检查油与手指接触的位置是否在规定范围内。

三、自动变速器的维护

1）检查自动变速器液位。将车辆停至低位，起动发动机，使发动机怠速运转，拨动变速杆依次从P位到L位，各档位分别停留2s，再从L位依次拨回P位，如图6-6所示。检查油尺读数是否在指定范围内。

注意： 液位应当在正常运行的条件下检查，液温一般在（75±5）℃。当液位较低时，应检查液温和渗漏情况，再补充液体。

2）检查自动变速器油液是否渗漏。将车辆升至合适高度，检查变速器壳接触面、轴、拉锁伸出的区域、油封、排放塞和加注塞、管路和软管接头等处是否有渗漏。

3）检查油管是否损坏。检查油软管是否有裂纹、隆起或者损坏。

4）更换自动变速器油液。

四、检查防尘套

1）将车辆升至合适高度。

2）检查驱动轴防尘套。用手转动轮胎，检查驱动轴防尘套是否有裂纹或其他损坏，并检查防尘套卡箍是否正确安装，如图6-7所示。

3）检查护套油脂有无渗漏。

图6-6 自动变速器的检查

图6-7 检查驱动轴防尘套

任务二 汽车行驶系统的维护

任务情景

陈女士无意间发现自己车胎上鼓起几个小包，但是车胎不久前刚进行过车轮定位及动平衡，车辆也进行定期的检查。假如你是修理工，你会怎么做?

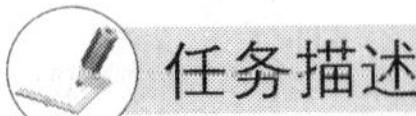

任务描述

轮胎起包现象除了安装和轮胎制造原因外，绝大部分是由于使用中出现意外冲击障碍物（据陈女士回忆确实轮胎曾摩擦过台阶）造成胎壁帘布层局部断线形成的。汽车快速行驶中，轮胎胎肩或接近胎肩的胎边部位强烈撞击外界异物（例如坑洞、路缘、大的石块），导致轮胎在轮辋和外界异物之间产生严重挤压，胎体帘子线因此而过度拉伸导致断裂，轮胎内部空气则从断线处顶起形成胎边鼓包。若出现轮胎起包现象，应坚决不再使用“起包的轮胎”，因为其随时可能出现安全问题。

学习领域

一、行驶系统

1. 行驶系统的功用和组成

行驶系统的功用是使汽车各总成部件安装在合适的位置，传递和承受发动机与地面传来的力和力矩，对全车起支承作用，保证汽车的正常行驶。行驶系统由车架、车桥、悬架和车轮等组成，如图6-8所示。现代汽车在行驶系统中越来越普遍采用电子控制悬架系统。

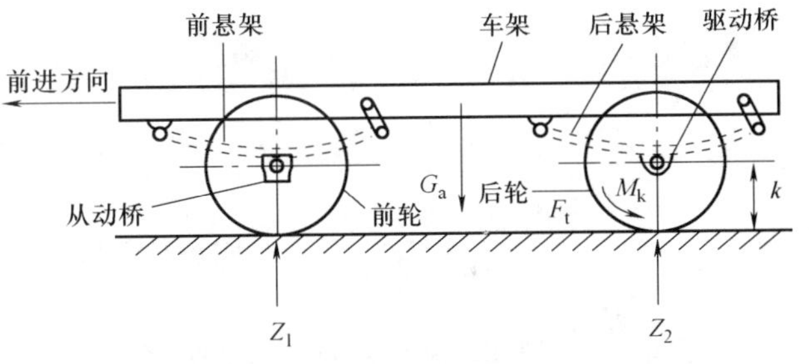

图6-8 行驶系统的组成

2. 车轮和轮胎

车轮和轮胎的功用是支承整车；缓和由路面传来的冲击力；通过同路面的附着作用来产生驱动力和制动力；在保证汽车正常转向行驶的同时，保持汽车直线行驶方向；同时轮胎也可起越障的作用，提高车辆的通过性能。

车轮和轮胎的结构如图6-9所示。

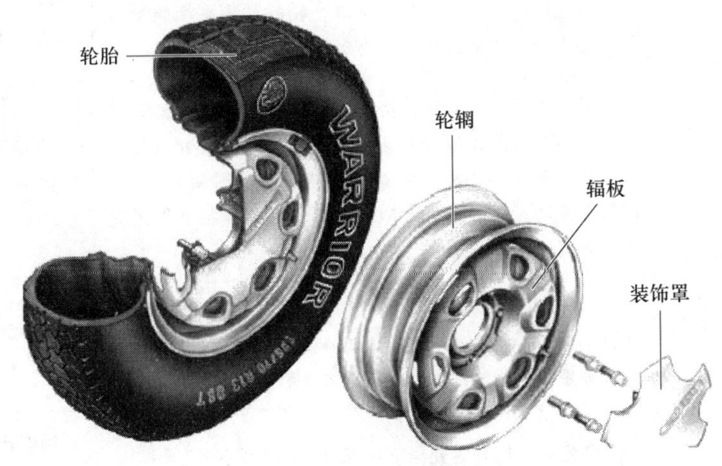

图6-9 轿车的车轮和轮胎

3. 悬架

悬架是车架和车轮之间的一切传递连接装置的总称，它的功用是把路面作用在车轮上的支承力、驱动力、制动力及其反力所造成的力矩都传递到车架上，以保证汽车的正常行驶。悬架一般由弹性组件、减振器、横向稳定器和导向机构等部分组成，其中导向机构包括横向推力杆和纵向推力杆，如图 6-10 所示。

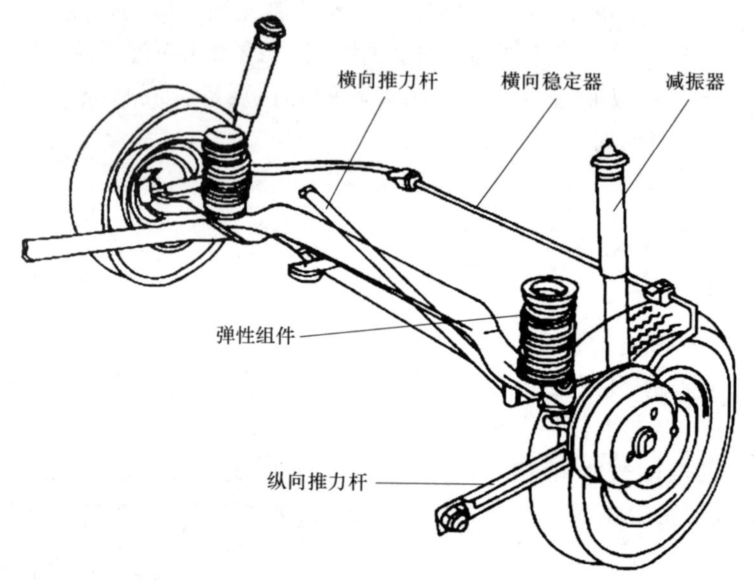

图 6-10 悬架的组成

二、汽车行驶系统维护的内容与意义（表 6-2）

表 6-2 汽车行驶系统维护的内容与意义

内容	技术要求	意义
车轮的检查与维护	轮辋无裂纹和变形，车轮清洁，胎面无气鼓、裂伤、老化、变形、扎钉，花纹深度不小于轮胎磨损极限标记，气门嘴完好；轮胎气压符合标准，轮胎动不平衡质量内外均小于 5g；轮胎螺栓紧固力矩符合要求	确保车轮轮胎与轮辋能正常使用，确保轮胎螺栓力矩正常，保障行车安全
悬架的检查与维护	减振器不漏油，上部连接支套无凸起、开裂，紧固可靠，减振作用良好；当上下晃动前悬架时，摆臂球头与制动器底板间的距离变化符合要求，下摆臂衬套完好，配合无松动；减振弹簧无损伤，定位可靠；各部件无变形、开裂，连接可靠	确保悬架系统功能正常，连接可靠，保障车辆具有良好的乘坐舒适性
悬架的螺栓连接紧固检查	前悬架下摆臂与车架连接自锁螺母、减振器与车身连接自锁螺母、后悬架下摆臂与车架连接自锁螺母等处所有紧固螺栓连接，拧紧力矩符合各车型技术要求	确保悬架各连接螺栓紧固可靠，确保行车安全
各润滑部位的维护	各稳定杆、摆臂等处球头定期进行润滑维护	确保各相对运转部件润滑良好，延长使用寿命

行动领域

一、轮胎的检查

1）使用两柱式举升机将汽车升至合适的高度。

2）身体直立，双手平举，与车轴高度一致。

3）检查轮胎的胎面和胎侧是否嵌入金属颗粒、石子或者其他异物。

4）检查轮胎花纹深度。使用轮胎深度测量规测量轮胎的胎面深度，同时可以通过观察轮胎表面的胎面磨损指示标记检查胎面深度。

5）检查轮胎是否有异常磨损，如图 6-11 所示。

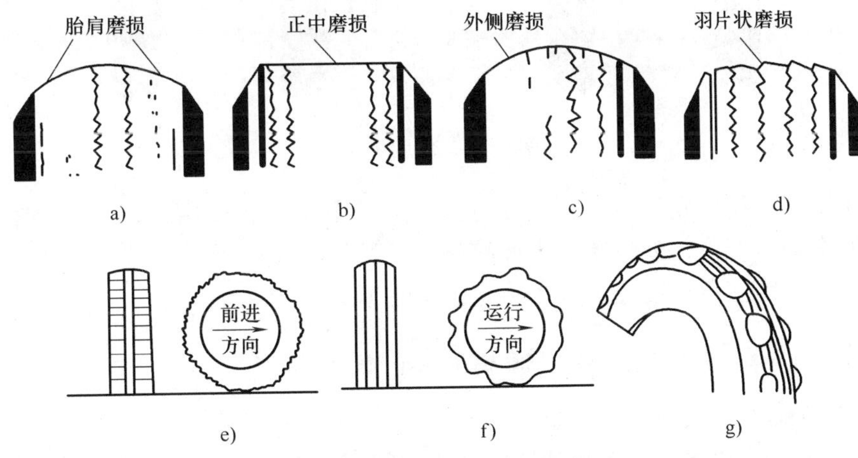

图 6-11　轮胎的异常磨损

a）胎肩磨损　b）正中磨损　c）外侧磨损　d）羽片状磨损
e）锯齿状磨损　f）波浪状磨损　g）胎肩碟片状磨损

6）检查轮胎气压。用气压表检查轮胎气压是否在标准范围内，如图 6-12 所示。若不足，使用压缩空气充至规定气压。

图 6-12　检查轮胎气压

7）检查轮胎是否有漏气。检查气压后，通过在气门周围涂肥皂水检查是否漏气。

8）检查轮辋。检查轮辋有无损坏、腐蚀、变形和跳动。

9）轮胎换位。根据车辆类型，按图 6-13 所示的方法进行轮胎换位。

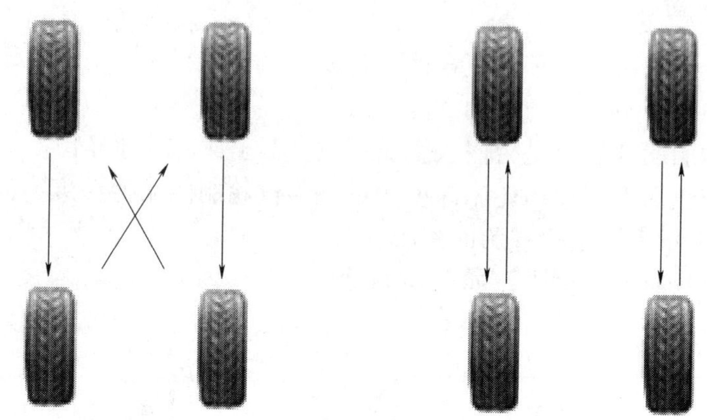

图 6-13 轮胎换位

10）车轮安装。使用轮胎扳手，按照对角交叉顺序以较小的力矩安装车轮螺栓。

11）降低车辆至低位，使轮胎与地面接触。

12）使用定力矩扳手按照交叉顺序将轮毂螺母紧固。

二、紧固底盘行驶系统螺母，检查悬架

1）检查车身螺母及螺栓。

2）检查底盘螺栓和螺母。将车辆升至合适高度，检查底盘连接螺栓和螺母是否松动。

3）检查减振器是否损坏。检查减振器上是否有凹痕。另外，检查防尘套是否有裂纹或者其他损坏，如图 6-14 所示。

图 6-14 减振器的检查

4）检查减振器是否漏油。

5）检查悬架连接摆动。通过用手摇晃悬架接头上的连接，检查衬套是否磨损或者有裂纹。

三、润滑底盘各润滑点

将车辆升高至合适高度。使用润滑脂枪将润滑脂从润滑脂嘴压入，直到新鲜的润滑脂从对面的润滑脂嘴、润滑脂出口或者护套端慢慢流出。

任务三　汽车转向系统的维护

任务情景

刚学会开车的王女士遇到了麻烦：上次停车后下车时，腿蹭了转向盘一下，结果就听转向盘“卡”一声，就斜着定在那儿了。等下次插进钥匙想起动车辆时才发现钥匙根本拧不动，汽车发动不了了。假如你是修理工，你会怎样判断此故障?

任务描述

经修理工检查后，一边晃转向盘一边拧钥匙就把汽车发动了！这是怎么回事儿呢？原来，在拔下车钥匙后，转向盘没回正或有转动，就会导致转向盘自锁功能启动，转向锁销和转向柱扣在一起，转向盘就不能动了，即使是插进钥匙用力拧也拧不动。这个功能是大部分小轿车都具有的普通防盗功能。

学习领域

一、转向系统

1. 作用和组成

转向系统的作用是控制汽车转向的方向。转向系统由转向操纵机构、转向器、转向传动机构等组成，如图 6-15 所示。

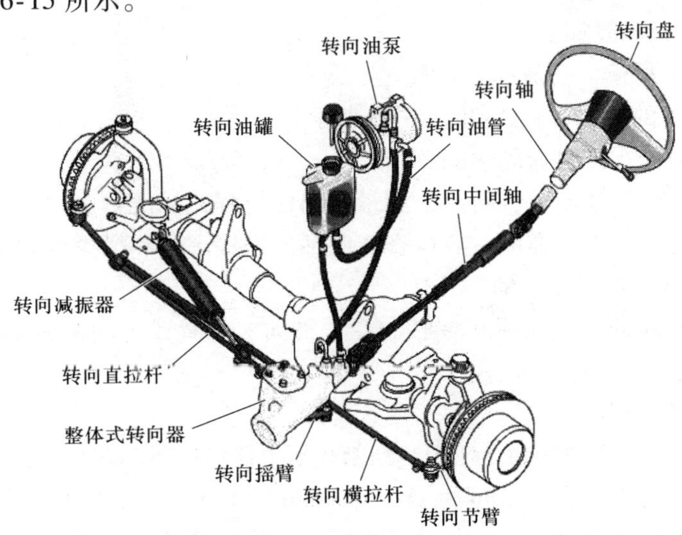

图 6-15　转向系统的组成

2. 分类

转向系统可按转向能源的不同分为机械转向系统和动力转向系统，现代汽车越来越普遍采用动力转向系统。

3. 转向盘的自由行程

在整个转向系统中各传动件之间都必然存在着装配间隙，而这些间隙会随着零件的磨损而增大，在转向盘转动过程的开始，驾驶人对转向盘施加的力矩很小，只是用力克服转向系统内部的摩擦，使各传动件之间开始运动直到间隙完全消除，这一阶段是转向盘空转阶段，转向盘空转阶段的角行程称为转向盘自由行程。

转向盘从相对于汽车直线行驶的中间位置向任意方向的自由行程最好不超过10°~15°。当零件磨损严重导致转向盘自由行程超过25°~30°时，必须进行调整。

二、汽车转向系统维护的内容与意义（表6-3）

表6-3 汽车转向系统维护的内容与意义

内容	技术要求	意义
检查转向盘的自由行程、锁止功能及是否松旷	转向盘位置正确，自由行程符合规定；转向盘在轴向、前后与左右径向无明显松动；取下点火开关，转向盘锁止可靠，而在其他档位解锁正常	确定转向操纵机构工作正常
检查动力转向系统的助力功能及动力转向液	动力转向系统的助力功能明显，工作可靠无异响；动力转向液油质、液面正常，整个系统无泄漏	确定动力转向系统工作正常
转向传动机构和转向器的维护	转向拉杆衬套不松旷，各杆件无明显变形，球头不松旷，各部分螺栓连接紧固可靠；转向器工作无异响、无卡滞，转向轻便	确定转向传动机构及转向器工作正常

行动领域

转向系统的检查步骤如下：

1）将车辆停至低位，安放车轮挡块。

2）检查转向盘的自由行程，如图6-16所示。

① 将前轮摆正，在转向盘周边加5N的力。

② 向左右双方向轻轻转动转向盘，测量转向盘行程，标准自由行程为0~30mm。

③ 如果自由行程大于标准值，应检查转向轴的连接部位和横拉杆球头的间隙。

3）检查转向盘的松动和摆动。

4）检查转向盘锁止。用两手握住转向盘，轴向、垂直或者向两侧移动转向盘，检查其松动或者摆动情况，如图6-17所示。

5）检查转向传动机构。

① 检查球节的上下滑动间隙。使用制动踏板压力器保持制动踏板被踩下；前轮垂直向前，举起车辆并且在一个前轮下放一高度为180~200mm的木块；放低举升器直到前螺旋弹簧承载一半的负荷；再次确认前轮笔直向前；在下臂的末端使用工具检查球节上下滑动间隙。

② 检查球节防尘套是否有裂纹、撕裂或其他损坏。

图 6-16　检查转向盘的自由行程

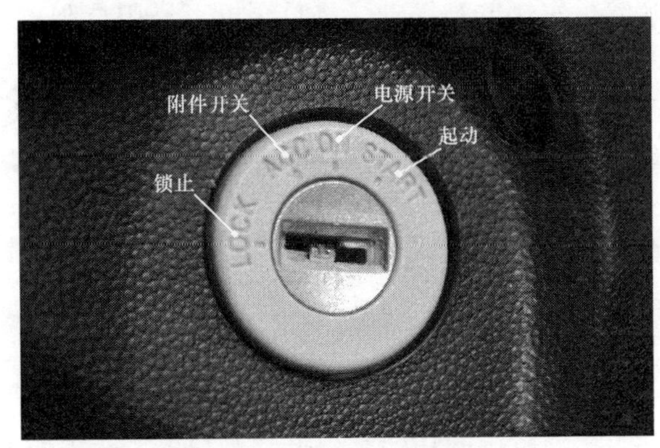

图 6-17　转向盘锁止位置

③ 举高汽车至合适高度。

④ 用手晃动转向机构检查是否松动、摆动、弯曲或损坏。

6）检查转向器。对于机械转向器，检查齿轮箱是否有润滑脂或机油渗漏。对于齿轮-齿条式转向器，转动轮胎，检查齿条护套是否有裂纹或破损，如图 6-18 所示。

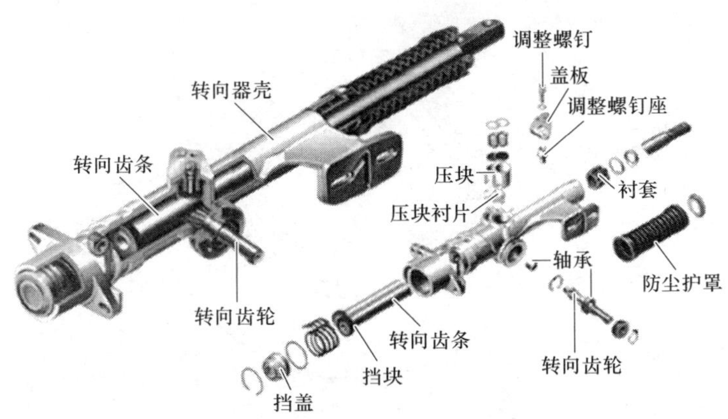

图 6-18　齿轮-齿条式转向器护套

任务四　汽车制动系统的维护

任务情景

一辆红旗轿车，有时在缓慢停车时，有紧急制动的感觉；起步时有拖滞感；高速时油耗较大，车速受限。假如你是修理工，你会怎么办？

任务描述

将车辆支起，拆检各制动器、制动分泵、卡钳导轨以及驻车制动拉索等，一切正常；路试并未发现异常。几天后，此车故障再次出现，并在无制动情况下推不动。用手触摸两轮轮毂，感到很热，判断故障可能出在制动总泵。将总泵与真空助力器的连接螺栓松开后，制动解除，车辆能被推动。将总泵拆下，用自制工具测量助力器顶杆长度及总泵活塞深度，发现两者间没有一点间隙。这样，长时间频繁使用制动，易导致本没有间隙的总泵回油不彻底，产生制动拖滞。用0.5mm隔电纸剪成垫子，夹在总泵与助力器之间固定，装复后试车，故障排除。

学习领域

一、制动系统

1. 功能

制动系统的功能是根据驾驶员的需求使汽车减速、停车或驻车，确保行车安全和汽车停放可靠。制动系统由制动装置中的制动器、制动传动装置等组成。现代汽车制动装置还增设了制动防抱死装置ABS、ASR、ESP等，如图6-19所示。

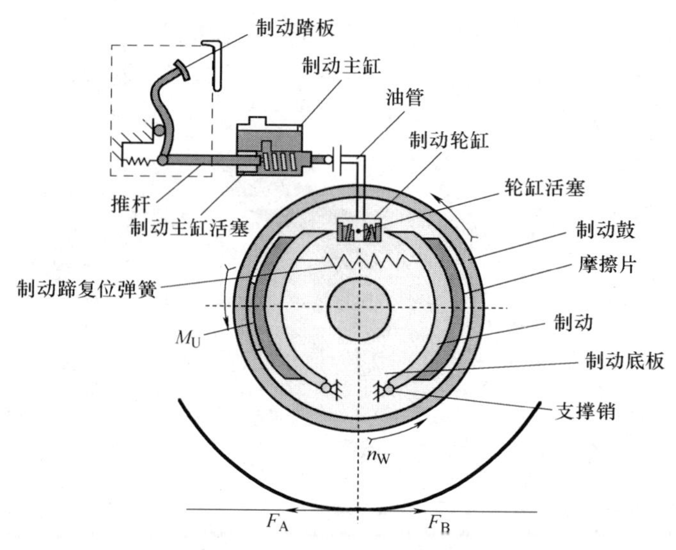

图6-19 制动系统的组成

2. 制动系统的组成

（1）供能装置 供给、调节制动所需能量以及改善传能介质状态的各种部件，其产生制动能量的部分称为制动能源。

（2）控制装置 产生制动作用和控制制动效果的各种部件，如制动踏板。

（3）传动装置 将制动能量传输到制动器的各个部件，如制动主缸和制动轮缸。

（4）制动器 产生阻碍车辆运动或运动趋势的力的部件，也包括辅助制动中的缓速装置。

3. 制动器分类

汽车所用制动器可分为鼓式制动器和盘式制动器两大类。

（1）鼓式制动器

1）组成。制动鼓、摩擦片、制动蹄、制动底板、支承销和制动蹄复位弹簧。

2）间隙。制动蹄在不工作的原始位置时，其摩擦片与制动鼓之间保持合适的间隙，其设定值一般规定为0.25～0.5mm。间隙过小，就不易保证彻底解除制动，造成摩擦副的拖摩；间隙过大，使制动踏板行程过长，使驾驶人操作不便，同时也会推迟制动器开始起作用的时间。一般有手动调整和自动调整两种方法。

（2）盘式制动器

1）组成。制动盘、制动卡钳、制动衬片等，如图6-20所示。

2）间隙。活塞密封圈能兼顾活塞复位弹簧和间隙自动调整作用。

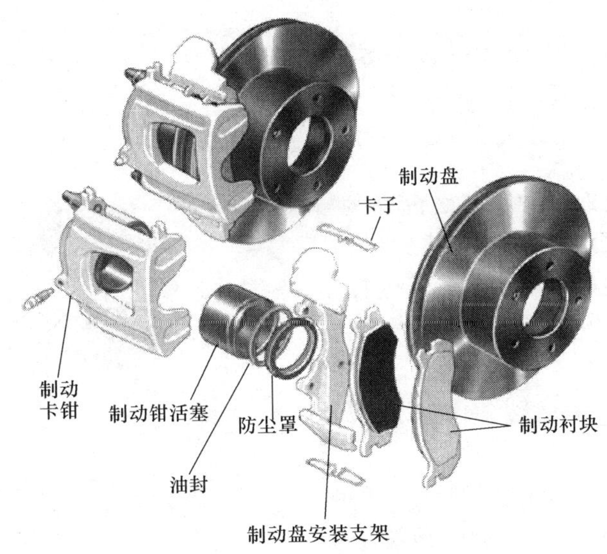

图6-20　盘式制动器

二、汽车制动系统维护的内容与意义（表6-4）

表6-4　汽车制动系统维护的内容与意义

内　容	技术要求	意　义
制动液的检查与更换	定期检查制动液的液面高度与质量（含水量、杂质等），按说明书要求定期（一般为2年或5000km）更换符合相关技术要求的制动液，确保制动系统内无空气	确保制动液的数量与质量，保障制动性能可靠
制动操纵系统（真空助力性、制动踏板与制动管路等）的检查与维护	制动管路无破损、老化，不扭曲。汽车行驶时不碰擦汽车任何部件，连接牢固，各部位无渗漏；制动主缸、轮缸及助力器密封良好，检查真空助力器工作是否良好	确保制动操纵系统工作可靠，排除老化失效现象，保障制动性能可靠
车轮制动器的维护	各零部件清洁、完好；制动盘（鼓）表面无裂纹、沟槽，制动盘厚度方向及制动鼓直径方向磨损不超越规定限度，断面圆跳动量（外缘最大处）满足技术要求；制动摩擦块（片）表面无油污、无裂损，厚度未超过极限值（超过要更换）；制动轮缸密封良好，回位自如；制动钳固定螺栓拧紧力矩符合技术要求；轮毂转动灵活，无异响，轴向间隙满足技术要求	确保车轮制动器各零部件符合技术要求，总体性能良好

行动领域

一、检查制动液液位及制动管路

1）检查制动总泵储液罐中的液位是否在最高线（MAX）和最低线（MIN）之间，如图6-21所示。检查制动总泵是否有渗漏。

注意：若制动衬片或者制动器摩擦片磨损，制动液液位就会下降。若液位明显偏低，则需要检查制动系统是否渗漏。

2）检查发动机舱的制动管路是否有渗漏或制动软管和管路是否有裂纹和老化。

3）检查制动管路是否渗漏或管路连接是否正确，检查管路是否有破损或裂纹和老化等现象。

4）摆动制动管道和软管，检查管路安装是否稳固。

5）更换制动液。将车辆停至低位，安装制动液吸取工具，从制动总泵的储液罐中吸取制动液，将车辆升至中位，通过拧动各个车轮的排气螺钉，按照左前、左后、右后、右前的顺序更换制动液。

图6-21　检查制动总泵储液罐中液位

二、检查制动踏板

1）检查制动踏板响应性，连续踩下制动踏板数次（3次以上），感觉制动踏板的响应状况，当感觉制动踏板的位置越来越高时，则为响应性良好，否则，制动总泵可能存在故障，应更换。

2）完全踩下制动踏板，等待片刻，观察制动踏板是否保持原来的高度，当完全踩下制动踏板时，若高度发生变化，说明制动系统存在故障。

3）在踩下制动踏板的同时，观察制动踏板是否存在异常响声，如果存在，应进行润滑。

4）踩下制动踏板时，观察踏板是否松旷，如果存在松旷现象，应进行维修。

5）连续踩下制动踏板数次，检查制动踏板的高度有没有变化，并继续保持踏板的踩下状态。起动发动机，检查制动踏板是否会下沉，如图6-22所示。

三、检查制动助力器性能

连续踩下制动踏板，保持30s，高度不变，然后将发动机熄火，检查踏板的高度有没有发生变化。若踏板下沉，则说明制动助力器性能正常，如图6-23所示。

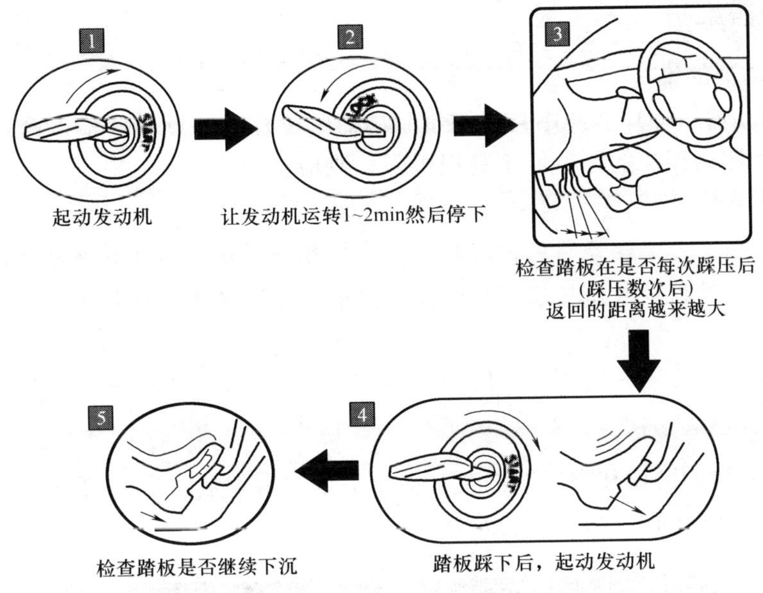

图 6-22　检查制动踏板

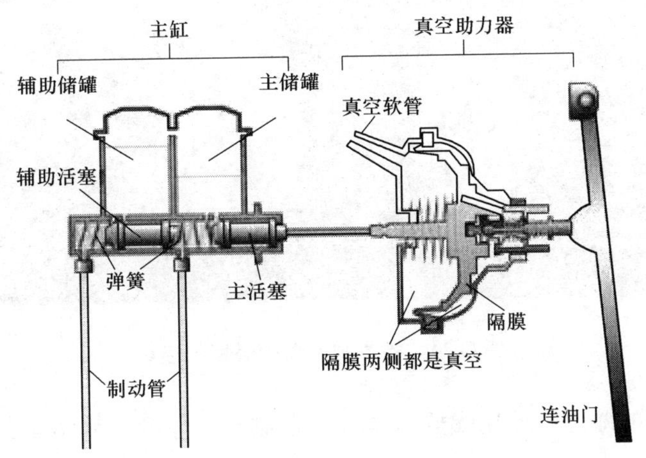

图 6-23　真空助力器

四、检查驻车制动性能

1）检查驻车制动拉杆时，驻车制动杆行程在预定的槽数内，一般为 5 ~ 8 响，若不符合标准，应调整驻车杆的行程。

2）在点火开关位于“ON”时，检查驻车制动杆在到达第一个槽口前，指示灯是否已经发光。

注意： 调整驻车制动杆行程之前，要确保驻车制动蹄片间隙已经调整好。

五、制动器维护

1. 盘式制动器的维护

1）检查制动器摩擦片。使用直尺测量制动器摩擦片的厚度，并检查摩擦片是否有不均匀磨损。若制动器摩擦片的厚度低于磨损极限，则应更换。

> **注意：**根据上一次检查到现在的制动器摩擦片磨损量，估计制动器摩擦片在下一次检查时的情况，若估计制动器摩擦片的厚度将会小于可接受的磨损值，则建议更换制动器摩擦片。

2）更换制动器摩擦片。

3）检查制动盘的磨损和损坏。检查制动盘上是否有裂痕，不均匀或者异常磨损以及裂纹和其他损坏，如图6-24所示。

图6-24　检查制动盘的磨损和损坏

4）测量制动盘的厚度。使用螺旋测微计测量制动盘厚度，如图6-25所示。

> **注意：**测量位置应为制动器摩擦片工作位置，应在测量位置直接读取测量结果。

5）测量制动盘轴向圆跳动。用轮毂临时固定制动盘，使用百分表测量制动盘轴向圆跳动，如图6-26所示。

> **注意：**测量轴向圆跳动前，应先检查车轮轴承的游隙是否在规定的范围以内。

6）检查制动轮缸中是否有液体渗漏。

图 6-25　测量制动盘的厚度

图 6-26　测量制动盘轴向圆跳动

注意：若制动液溅出或者黏在油漆上，应立即用水冲洗，否则，将损坏油漆表面。

2. 鼓式制动器的维护

1）拆卸鼓式制动器。拆卸轮辋装饰罩、车轮螺栓、油杯、锁销、大螺母，取出锁片与轴承，取下制动鼓，如图 6-27 所示。

2）测量制动摩擦片的厚度。使用游标卡尺测量制动摩擦片的制动蹄厚度，若厚度小于磨损极限，则应更换制动蹄片，如图 6-28 所示。

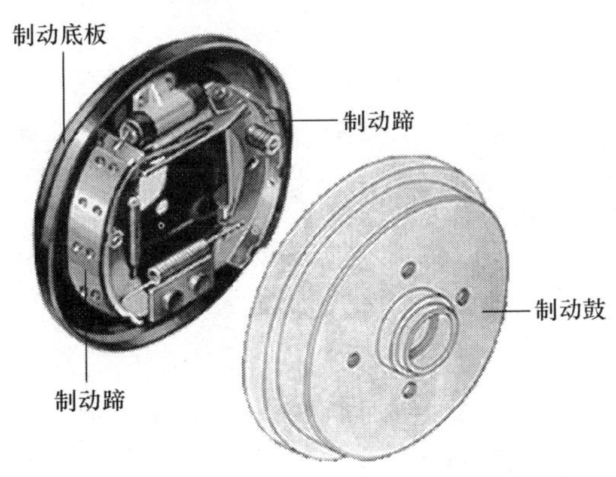

图 6-27　鼓式制动器

图 6-28　制动摩擦片

注意：制动蹄片厚度（制动盘 + 制动蹄片）的标准值为 6.0mm，极限值为 2.6mm。

3）更换制动蹄摩擦片。拆卸回位弹簧、制动蹄片压紧弹簧，然后拆卸制动蹄片；分离调节器，从制动蹄片上分离调节杆扭矩弹簧、自动调节杆和驻车制动拉杆；安装新的制动蹄片。

4）检查制动摩擦片的损坏程度。检查摩擦片是否有裂纹、脱皮和损坏。

5）检查制动轮缸中是否有制动液渗漏，如图6-29所示。

图6-29 制动轮缸中制动液渗漏的检查

6）使用游标卡尺测量制动鼓内径，并检查制动鼓是否有磨损和损坏。
7）使用砂纸清洁制动蹄摩擦片并清除油污。

项目七

汽车电气设备维护

项目任务书

本项目涉及电气设备的维护操作方法，包括电源、发动机点火系统（汽油机）、起动系统、照明和信号装置、空调、仪表和报警系统以及辅助电器等方面的内容。图 7-1 为汽车电气设备基本组成部分示意图。

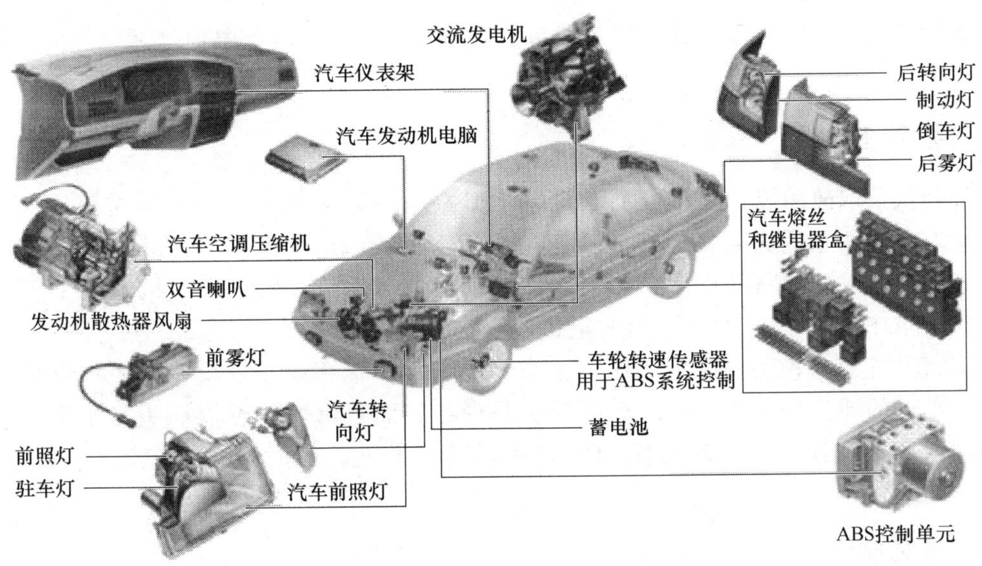

图 7-1　汽车电气设备基本组成

项 目 名 称	汽车电气设备维护
学习目标	1. 能够在职业领域的典型工作范围内，了解汽车电气设备维护的意义 2. 能够获取和使用技术资料，遵守服务规范等规章制度，确保汽车在各种情况下的有效运行 3. 学习汽车电气设备维护的要求
技能目标	掌握汽车电气设备维护周期及操作步骤
情感目标	通过学习电气设备维护方法，培养学生积极学习、严谨操作的学习态度，并在任务中渗透安全、规范、文明操作及保护环境的要求
教学重点	1. 按照维修手册和任务指导书，完成任务工单 2. 掌握电气设备维护的步骤和注意事项

（续）

项目名称	汽车电气设备维护
教师活动	1. 讲解、示范作业流程、操作步骤、技术规范和安全注意事项 2. 在任务过程中，检查、指导、监督和纠正学生实训中的错误 3. 制订任务工单，组织教学过程，引导和激发学生主动学习 4. 讲解与项目相关的知识，运用维修手册指导学生规范操作，让学生知道为何这样操作，做到对知识融会贯通
学生活动	1. 学生按制订的操作计划，分配各自任务 2. 以主动学习为主，完成任务工单
自我评价	○ 优　　○ 良　　○ 及格　　○ 不及格

任务一　汽车电源系统的维护

任务情境

一辆行驶里程1万多千米的雪佛兰科鲁兹轿车，该车怠速时蓄电池灯常亮。假如你是修理工，你该怎么做？

任务描述

用诊断仪读取故障码，显示是发电机端子L高电压和端子F低电压异常。检查发电机是否正常发电，线路插头与发电机是否牢固，ECM端子26号脚和48号脚通信是否正常，经过检查线路后发现线路都正常。再通过诊断仪读取数据流，发现发电机端子F没有占空比，正常占空比应是5%~95%。当发电机输出电压是14V左右时，此时占空比为0，输出电压是13.5V左右，说明发电机工作不正常。与正常车辆相比较发现发电机线路插头不一样，正常车辆的插头是黑色，而此车的插头是白色，而且爆燃传感器插头与正常车辆也不同，将两个插头互换一下，起动发动机怠速运转一会儿，此时发现蓄电池灯正常，故障排除。

学习领域

一、汽车蓄电池的检查

1. 免维护蓄电池

检查蓄电池端子，如图7-2所示。

注意： 绿色表示正常；无色表示电解液不足，需更换；黑色表示需要充电。

2. 普通蓄电池

普通蓄电池示意图如图7-3所示。

图 7-2　检查蓄电池端子

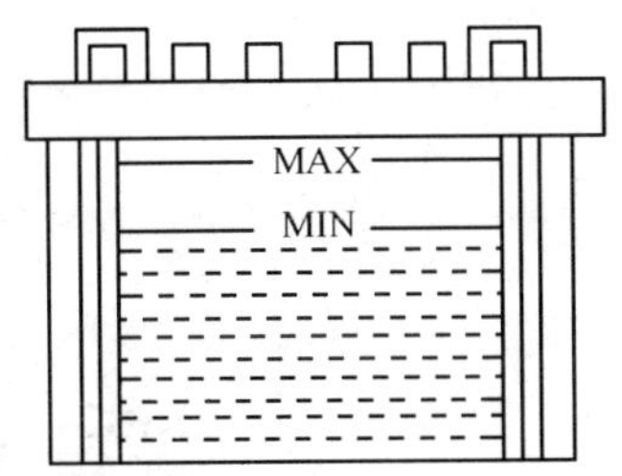

图 7-3　普通蓄电池

注意： 若很难确定电解液液位，则通过轻轻摇晃汽车检查或使用工作照明灯检查。同时，可拆卸一个通风孔塞并从该开口中观察电解液液位。电解液的检查如图 7-4 所示。

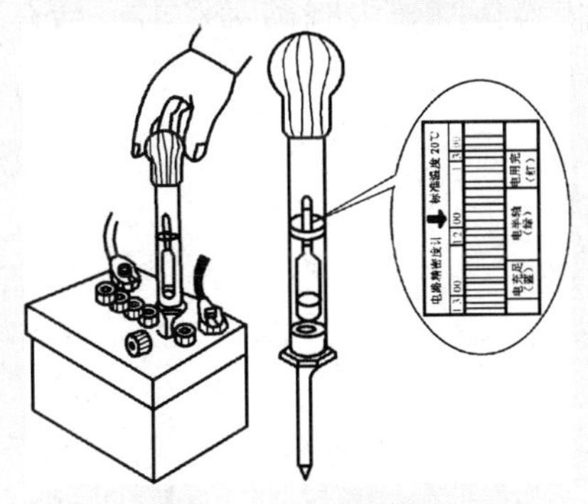

图 7-4　检查电解液密度

注意： 不要添加自来水，因为自来水中的杂质会降低蓄电池的性能和寿命。若添加的液体超过了规定高度，则应抽掉多余的部分。

二、汽车电气系统的特点

（1）低压　汽油车多采用 12V 电压，柴油车多采用 24V 电压，主要优点是安全性好。

（2）直流　主要从蓄电池的充电来考虑。

（3）单线制　即从电源到用电设备使用一根导线连接，而另一根导线则用汽车车体或发动机机体的金属部分代替。单线制可节省导线，使线路简化、清晰，便于安装与检修。

（4）负极搭铁　将蓄电池的负极与车体相连接，称为负极搭铁。

三、交流发电机

1. 发电机的功能

发电机的功能是在发动机正常运转时，向所有用电设备供电，同时向蓄电池充电，如

图 7-5所示。

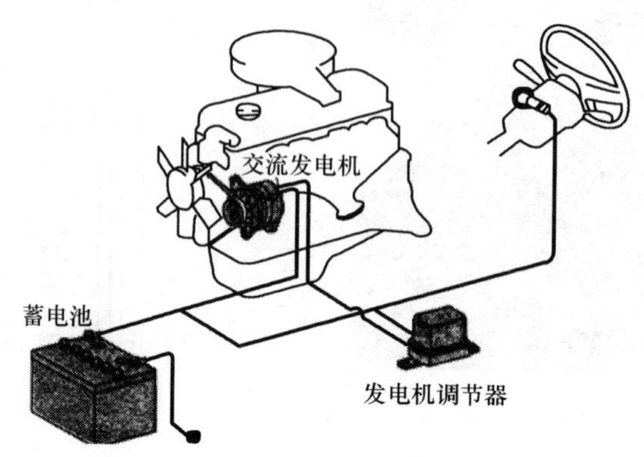

图 7-5　发电机的功能

2. 发电机的基本原理

电磁感应：当导体在磁场中做切割磁力线的运动时，会在导体中产生电动势（感应电动势），如图 7-6 所示。

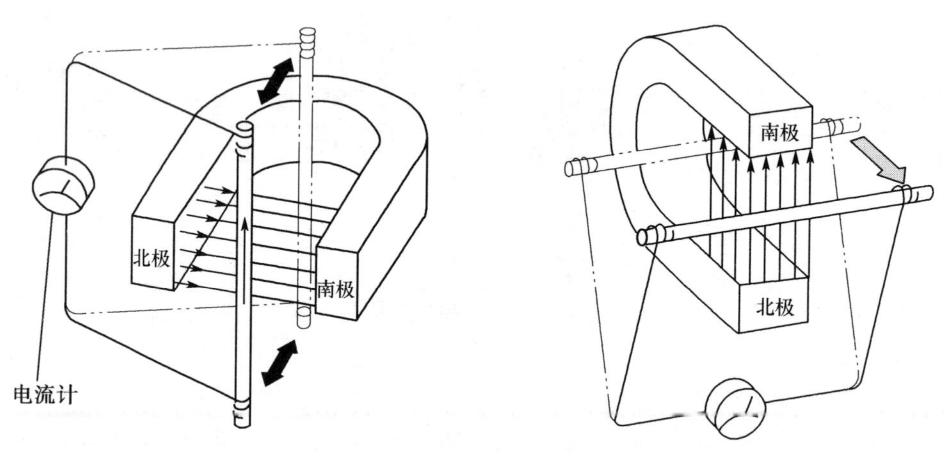

图 7-6　发电机的基本原理

3. 交流发电机的结构

交流发电机由转子总成、定子总成、带轮、风扇、前端盖、后端盖、电刷总成及整流器等组成。交流发电机的结构如图 7-7 所示。

4. 交流发电机的类型及型号

交流发电机按总体结构分类可分为普通交流发电机、整体式交流发电机、带泵交流发电机、无刷交流发电机、永磁交流发电机等。

按励磁绕组搭铁形式分，交流发电机可分为内搭铁型交流发电机和外搭铁型交流发电机。

（1）内搭铁型交流发电机　如图 7-8 所示，磁场绕组的一端（负极）直接搭铁并和壳体相连。

（2）外搭铁型交流发电机　外搭铁型交流发电机如图 7-9 所示，磁场绕组的一端（负极）接入调节器，通过调节器后再搭铁。

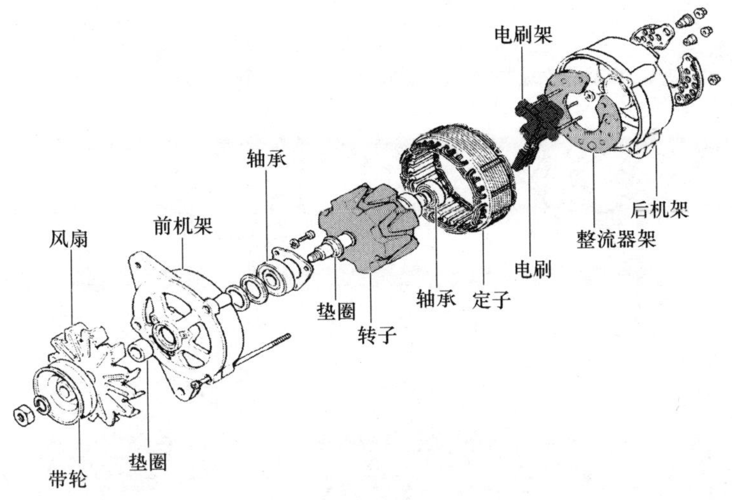

图 7-7 交流发电机的结构

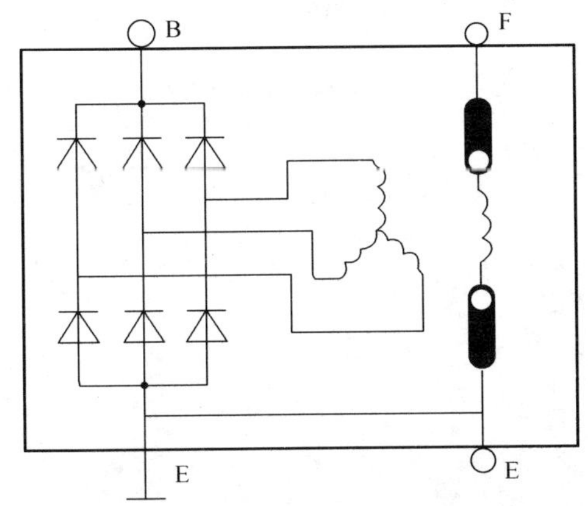

图 7-8 内搭铁型交流发电机

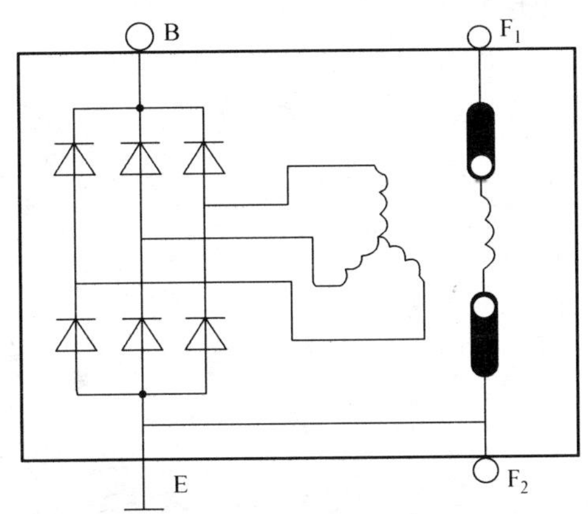

图 7-9 外搭铁型交流发电机

行动领域

交流发电机的维护可从五个方面来完成，即拆卸、分解、检查、组装、安装，如图 7-10所示。

1. 拆卸

1）脱开蓄电池负极端子电缆，如图 7-11 所示。断开蓄电池负极电缆之前，对 ECU 等元件内保存的信息做好记录，这些信息包括：

① DTC（故障诊断码）。

② 选择的收音机频道。

③ 座椅位置（带有记忆系统）。

④ 转向盘位置（带有记忆系统）。

2）用扳手扳动张紧器，用固定销固定张紧器，如图 7-12 所示。

3）取下发电机传动带，如图 7-13 所示。

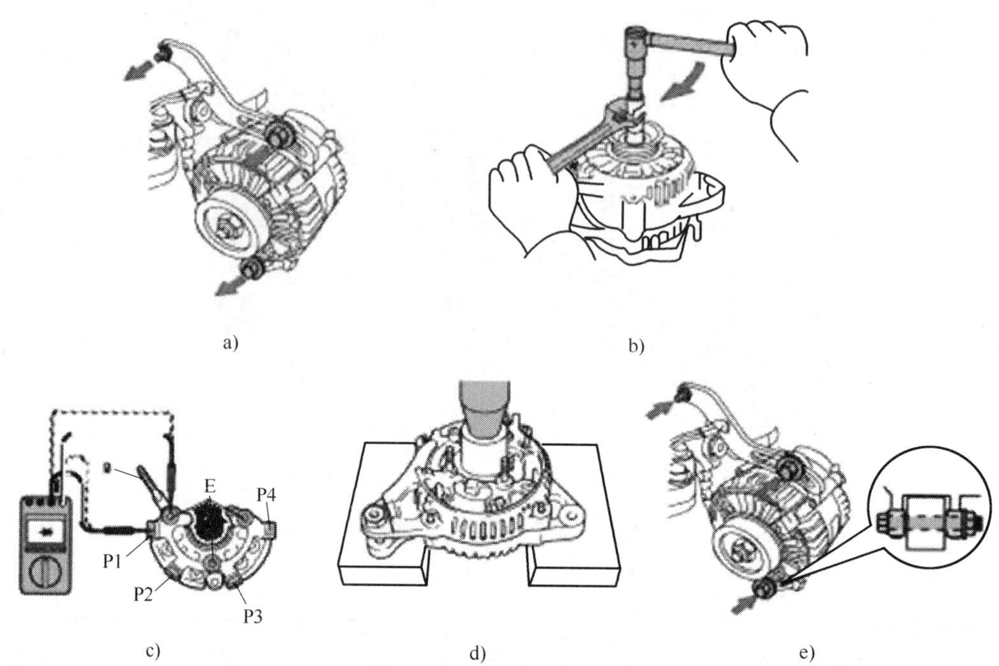

图 7-10 交流发电机的维护

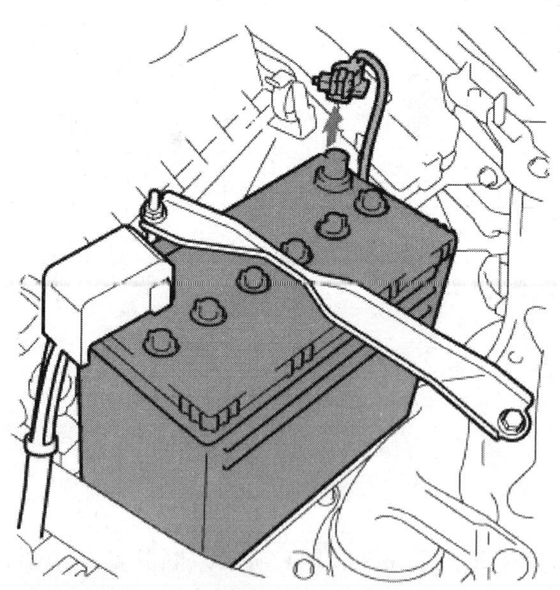

图 7-11 脱开蓄电池负极端子电缆

4）松开张紧器，取下固定销。

5）预松发电机传动带张紧器紧固螺栓。

6）拆卸发电机传动带张紧器紧固螺栓。

7）取下发电机传动带张紧器。

8）预松发电机总成上下紧固螺栓，如图 7-14 所示。

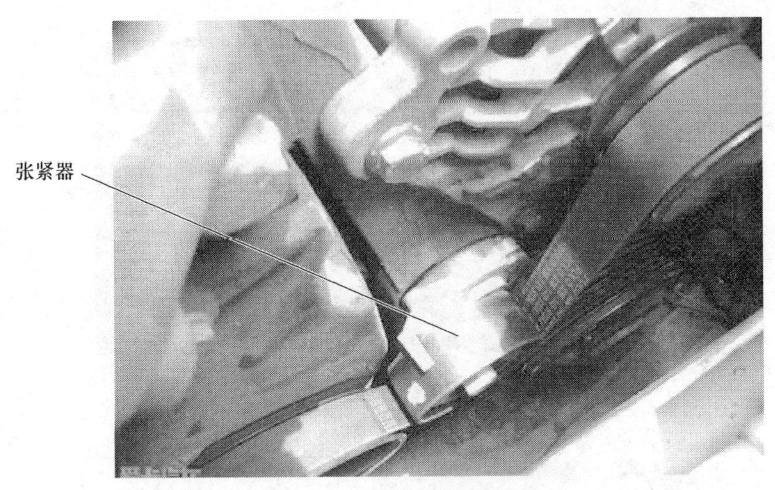

图 7-12　汽车张紧器

9）拆卸发电机总成上下紧固螺栓。

10）拆卸发电机后端盖上的 + B 接线柱固定螺栓。

11）取下发电机总成。

2. 安装

1）安装发电机总成。

2）安装发电机后端盖上的 + B 接线柱固定螺栓，如图 7-15 所示。

3）预紧发电机总成上下紧固螺栓。

4）拧紧发电机总成上下紧固螺栓，如图 7-16 所示。

5）安装发电机传动带张紧器。

图 7-13　发电机传动带

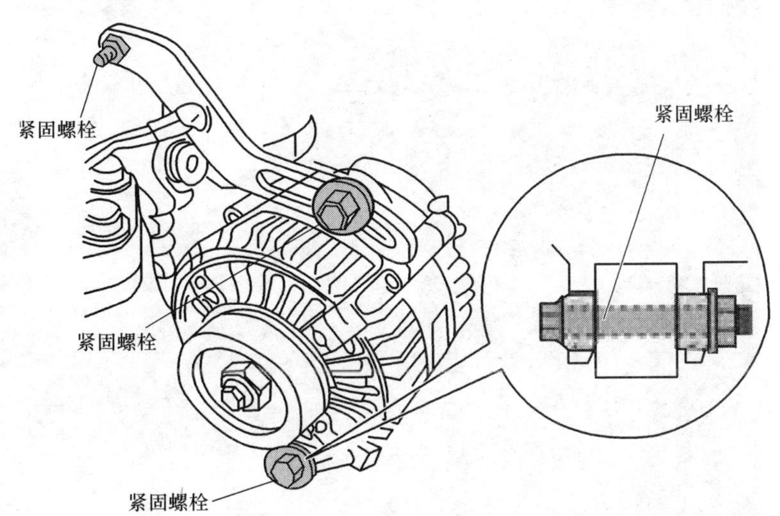

图 7-14　预松紧固螺栓

图 7-15 +B 接线柱固定螺栓

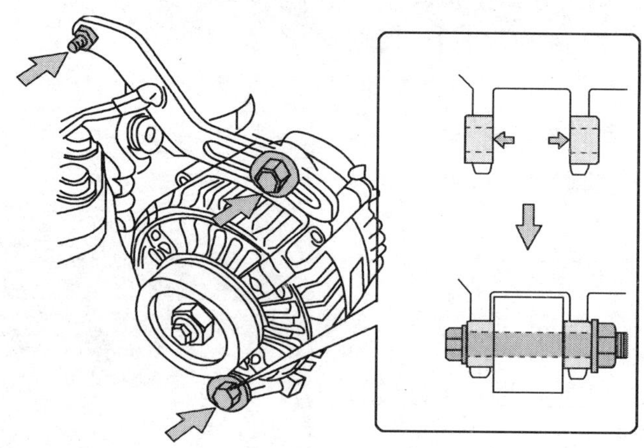

图 7-16 拧紧紧固螺栓

6）预紧发电机传动带张紧器紧固螺栓。

7）拧紧发电机传动带张紧器紧固螺栓，如图 7-17 所示。

图 7-17 拧紧张紧器紧固螺栓

8）用扳手扳动张紧器，用固定销固定张紧器。

9）安装发电机传动带。

10）松开张紧器，取下固定销。

11）安装蓄电池负极电缆。

任务二　汽车点火系统的维护

任务情境

一辆1995款丰田亚洲龙，行驶里程152000km，此车在怠速运转时总是无规律性地自动熄火，尤其在等待信号灯时熄火的次数更多。当自动熄火后再起动时，车辆正常运转，在正常行驶时无熄火现象。车主提到此车是借给朋友2天后才出现这种故障现象的。刚开始时3～4天偶尔自动熄火一次，再起动正常，因此也没在意，现在故障现象越来越严重，每天自动熄火5～6次，为此在其他修配厂更换了一个新的怠速电动机，但故障依旧。假如你是修理工，你将如何处理?

任务描述

此车的故障一般在怠速运转的状态下容易发生，而在行驶时正常，这说明线路故障的可能性不大，因为车辆抖动不可能在行驶时比怠速时抖动差，所以线路接触不良的故障应给予排除，应重点检查影响熄火的高压电、油路及怠速控制系统。

让发动机在怠速下运转，观察其怠速非常平稳，清洗怠速电动机和节气门体，安装完毕后，检查进气系统无漏气现象，更换点火模块，把汽油压力表用软管接长，放在驾驶室内，模拟等待信号灯的情况进行路试，发现当发动机自动熄火时汽油压力正常，因此点火模块故障排除。既然高压电和汽油压力都正常，还有什么能引起故障呢？拆下火花塞观察其3缸和4缸有轻微漏电痕迹，而且火花塞为普通型火花塞，原厂标准型火花塞应为铂金火花塞，因此全部更换成铂金火花塞后试车，故障现象消失。

学习领域

一、点火系统的作用

在汽油发动机中，气缸内的混合气是由高压电火花点燃的，而产生电火花的功能是由点火系统来完成的。

点火系统将电源的低电压变成高电压，再按照发动机点火顺序轮流送至各气缸，点燃压缩混合气；并能适应发动机工况和使用条件的变化，自动调节点火时刻，实现可靠而准确地点火。

二、点火系统的种类

点火系统按采用的电源不同，可分为蓄电池点火系统和磁电机点火系统两大类。

蓄电池点火系统按是否采用电子元件控制可分为传统点火系统、电子点火系统、微机控制点火系统。

1. 传统点火系统

传统点火系统由电源（蓄电池、发电机）、点火开关、点火线圈、分电器（断电器、配电器、电容器）、火花塞、高压导线、附加电阻等组成，如图7-18所示。

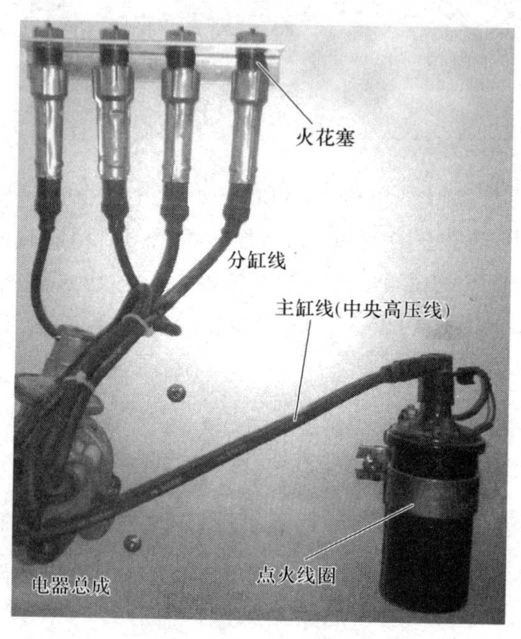

图7-18 传统点火系统

2. 电子点火系统

电子点火系统的基本原理是用晶体管取代触点起开关作用，而断电器的触点则串联在晶体管的基极电路中，控制晶体管的导通与截止。因触点只控制基极电流，故通过电流非常小，不易烧蚀，故次级电压高。电子点火系统可分为有触点式（图7-19）和无触点式（图7-20）两种。

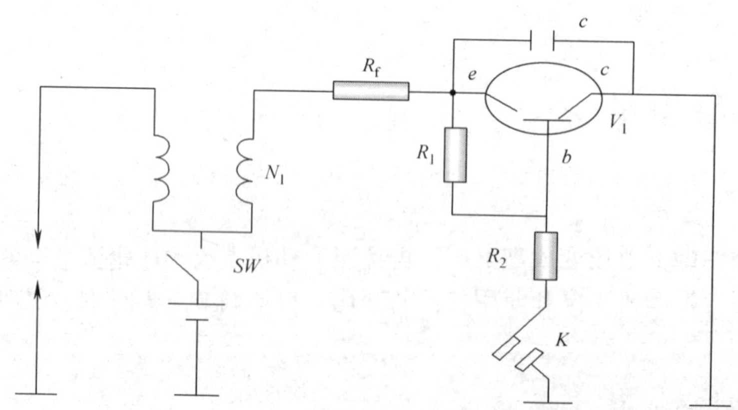

图7-19 有触点式电子点火系统电路

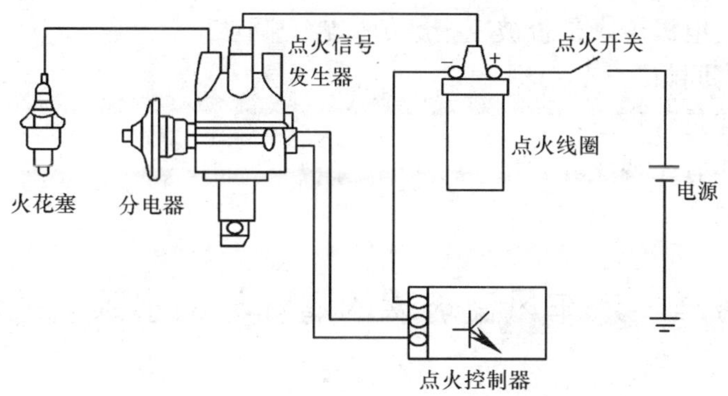

图 7-20　无触点式电子点火系统电路

行动领域

一、拆除高压线

关闭点火开关，拔下各缸高压线，如图 7-21 所示。

图 7-21　拆除高压线

二、拆除火花塞

使用火花塞扳手拆卸各缸火花塞，用干净的抹布遮盖火花塞孔，如图 7-22 所示。

三、检查火花塞（图 7-23）

图 7-22　拆卸火花塞

图 7-23　检查火花塞

1）检查火花塞电极边缘是否被完全磨掉或者变圆。

2）检查火花塞间隙。

3）检查绝缘体是否咬住。

4）检查绝缘体有无裂纹。

5）清洁火花塞。

任务三　汽车风窗玻璃的清洗与刮水系统的维护

任务情境

刮水器在使用过程中如果使用不当，很容易造成刮水片的损坏，这也与刮水片本身的材料有关。另外，无论任何材质的刮水片都会因环境影响而受损。这也就是为什么有的车主会说我的刮水器根本还没怎么用就坏掉了。其实刮水器就是不使用，长时间地暴露在日光下也会使刮水片老化。

任务描述

刮水器最主要的功能是用来清理雨水，而如果玻璃上有其他污渍的话，就不能随便使用因为这样可能会损坏刮水片，而且严重的话，刮水器的电动机也会受到影响。即使下雨的时候也要等玻璃上有足够的雨水才可以使用，否则也会出现类似干刮的现象。

学习领域

一、刮水器的内部结构

刮水器结合了两种机械技术：

1）电动机和减速蜗轮为刮水器提供动力。主要包括电动机、减速蜗杆、刮水器等。

2）电动机通过连杆机构带动刮水器。主要包括连杆机构、减速齿轮、凸轴、刮水器等。

二、刮水器的基本工作原理（图 7-24）

1. 电动机和减速齿轮

刮水片在风窗玻璃上来回快速移动需要很大的动力。为了产生这种动力，设计人员在小电动机的输出端使用了蜗杆蜗轮。

蜗杆减速齿轮可以使电动机的转矩增大 50 倍，同时使电动机的输出速度降低 50 倍。减速齿轮输出的动力操纵着连杆机构来回移动刮水器。

电动机/齿轮总成内部是一个能够感应刮水器下止位的电路。该电路向刮水器提供电源，当刮水器停在风窗玻璃底部时，它才切断电动机电源。此电路还能根据刮水器间歇性设置，使刮水器在刮水过程中短暂停顿。

2. 连杆机构

减速齿轮的输出轴上连着一个短凸轴，它随着刮水器电动机的转动而旋转。凸轴与一个

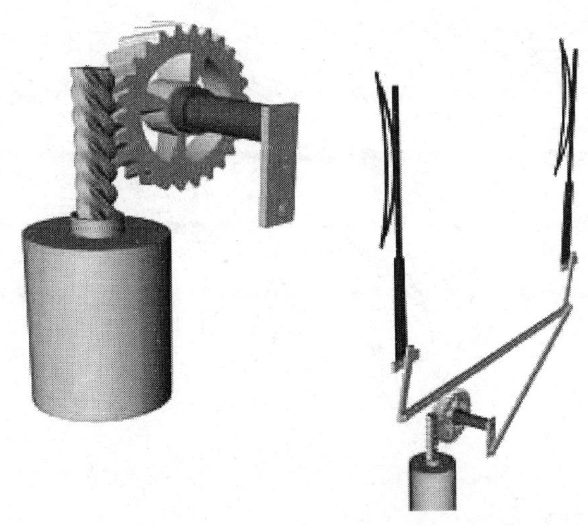

图 7-24　刮水器的工作原理

长杆相连；凸轴旋转时驱动长杆来回运动。长杆又与一个短杆相连，并由后者驱动驾驶人侧的刮水片。另一个长杆从驾驶人侧向乘客侧刮水片传送动力。

三、冬天使用刮水器的注意事项

刮水器虽小，但在恶劣天气中所起的作用非常重要。因为正常操作的风窗玻璃刮水器是保证视线清晰和行车安全的必要条件，因此，定期检查和保养刮水器就显得非常重要。如果进入冬季，针对风窗玻璃刮水器的保养也有一些特殊要求。

1）风窗玻璃清洗储液罐的加注量不得超过其容量的 3/4。因为清洗液在低温下会因结冰而膨胀，储液罐加注得太满就不能留下足够的膨胀空间，可能对储液罐造成损坏。

2）加注风窗玻璃清洗液时，最好选用专用的清洗液，不要使用自来水。因为自来水中的矿物质可能会堵塞风窗玻璃清洗器的管路，而且当气温下降到结冰点以下时，水就会使溶液结冰，结冰后的溶液会损坏风窗玻璃清洗系统。

3）有些车主为图省事，用散热器防冻剂代替专用风窗玻璃清洗液，其实这种做法会损坏风窗玻璃清洗系统和车辆的油漆。

4）玻璃上的硅酮痕迹是无法去除的。因此，切勿在风窗玻璃上使用含有硅酮的上光剂，更不要使用溶剂、汽油或油漆稀释剂清洁刮水片。一旦发现刮水片变硬、变脆或有裂痕，甚至会把污垢涂抹到风窗玻璃上时，一定要及时更换刮水片。

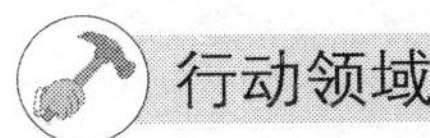

行动领域

一、检查喷洗液液位（图 7-25）

注意：若喷水器罐中无喷洗液，则有可能烧坏电动机。起动车辆，拨开刮水器开关，观察喷射位置。

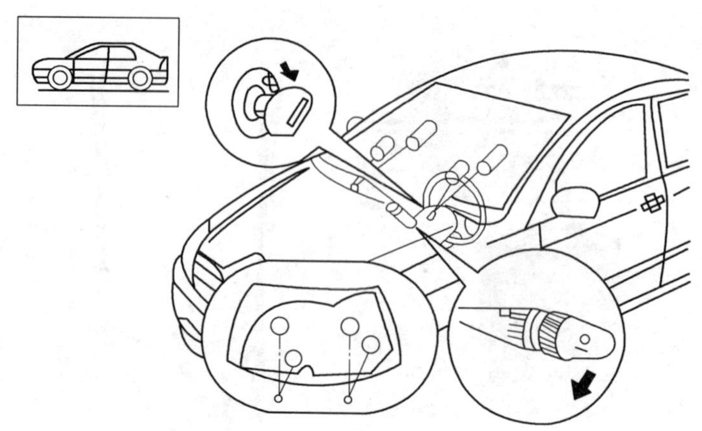

图 7-25 检查喷洗液液位

二、检查风窗玻璃喷洗器

注意：若风窗玻璃喷洗器喷射位置不正确，可在喷嘴内插入一根与风窗玻璃喷洗嘴的孔相匹配的钢丝，调整喷射的方向，如图 7-26 所示。使喷射大约落在刮水器刮水范围的中间。

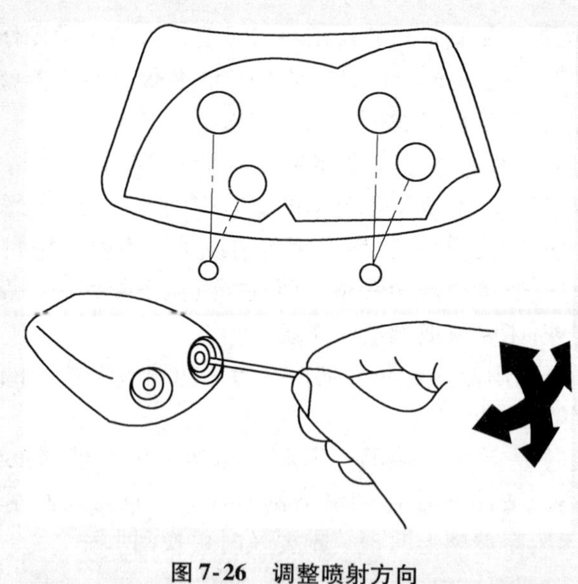

图 7-26 调整喷射方向

任务四 汽车空调制冷系统的维护

任务情境

最常遇到的汽车空调的问题是经过一个冬天后，打开空调时发现空调的制冷能力下降了；甚至有些车辆的空调出风口还会吹出热风。在这种情况下，假如你是修理工，你将如何解决？

任务描述

可以通过检查空调制冷系统中的空调管路的高低压管路压力来判断空调系统中制冷剂的存量情况。空调高低压管路位于发动机舱内，使用专用的压力表可以检查。在空调系统工作时，高压管路的压力应为1.25MPa左右，低压管路的压力应为0.15～0.25MPa左右。如果发现空调高低压管路的压力均比标准压力低很多，则说明空调系统的制冷剂不足。在这种情况下，需要补加制冷剂并测试空调系统的密封性。具体做法是把空调系统的制冷剂全部抽出，并维持0.1MPa的负压，等待24h看系统内气压是否维持在－0.1MPa左右。如果气压升高明显，则说明空调系统存在泄漏，需要进行进一步的拆卸检查。如果空调系统无泄漏，那么可以根据车辆型号加入适当量的制冷剂。

学习领域

1. 汽车空调制冷系统的组成部件

汽车空调制冷系统主要由压缩机、冷凝器、干燥储液器、膨胀阀（节流管）、蒸发器、鼓风机、加热器、水箱、膨胀水管等组成。图7-27为节流管调节的空调系统的部件组成图。

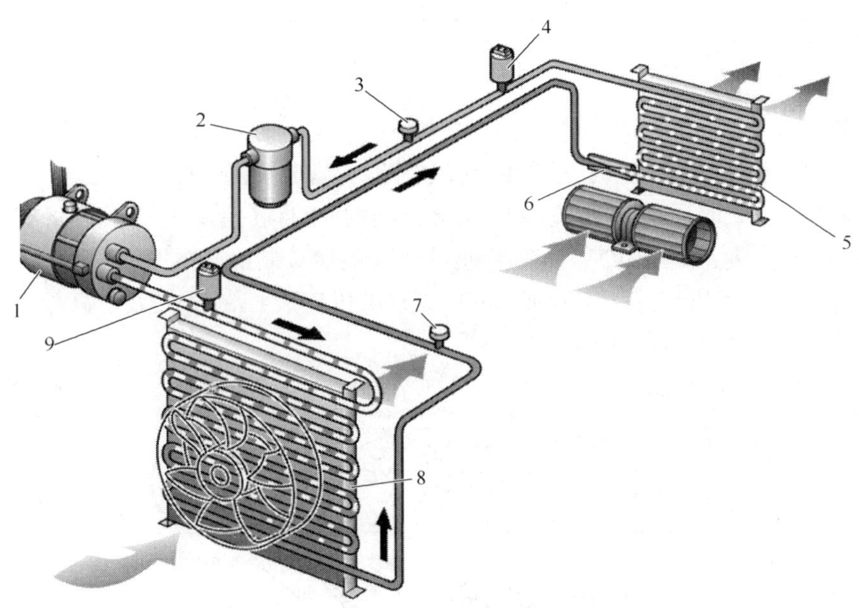

图7-27 节流管调节的空调系统的部件组成

1—带有电磁离合器的压缩机 2—集液器 3—低压维修用接口 4—低压开关 5—蒸发器 6—节流管 7—高压维修用接口 8—冷凝器 9—低压开关

2. 各部件的功能

（1）压缩机 压缩机吸入来自蒸发器的低温低压的制冷剂蒸气，将其压缩成高温高压的制冷剂气体。压缩机按其能量输出方式不同可分为固定排量压缩机、内部调节的变排量压缩机和外部调节的变排量压缩机。

（2）冷凝器　外部空气流过冷凝器，吸收制冷剂的热量，将制冷剂冷凝为液体。目前使用较多的为平行流冷凝器。

（3）储液干燥器　用来储存制冷剂液体并吸收制冷循环系统中的水分和脏物。

（4）膨胀阀　来自冷凝器的高温高压制冷剂液体通过膨胀阀后温度和压力均有所下降，变为低温低压的制冷剂液体。

（5）蒸发器　来自膨胀阀的低温低压制冷剂液体在蒸发器中吸收周围环境的热量变为低温低压的制冷剂气体，从而使流过蒸发器的空气得到冷却。

3. 空调制冷系统原理

（1）压缩过程　压缩机将蒸发器出口输出的低温、低压气态制冷剂增压为高温、高压的气态过热制冷剂，并进入冷凝器冷却降温。

（2）冷凝过程　过热气态制冷剂进入冷凝器散热冷凝为液态制冷剂。冷凝过程的后期，制冷剂成为高压、中温的过冷液体。

（3）膨胀过程　制冷剂通过膨胀阀后，体积变大，其压力和温度急剧下降，使中温、高压液态制冷剂变成低温、低压的湿蒸气，以便进入蒸发器中迅速吸热蒸发。

（4）蒸发过程　从膨胀阀流出的制冷剂，通过蒸发器不断吸热汽化变成低压、低温的气体制冷剂，吸收车厢中的热量。

一、检查制冷剂剂量

制冷剂剂量可通过玻璃检视孔进行检测，检测的方法一般有两种：

1）经验判断法。即通过玻璃检视孔观察，同时用手触摸高、低压管路有无明显温差（正常情况下高压管热、低压管凉），然后通过视液镜检查制冷剂的数量。

检查条件：①发动机转速为1500r/min；②鼓风机速度控制开关处于高位；③温度选择器为最冷；④完全打开所有的车门。

如图7-28所示，检查制冷剂的数量为A（清晰、几乎无气泡），说明制冷剂剂量适当；

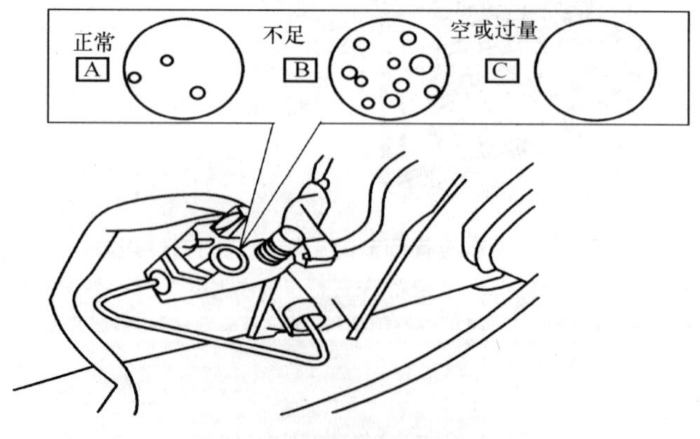

图7-28　检查制冷剂剂量

数量为 B（有连续的气泡），说明制冷剂剂量不足；数量为 C（无气泡），出风口不冷，说明制冷剂漏光了。如果出风口不够冷，而且关掉压缩机 1min 后仍有气泡慢慢流动，或在关闭压缩机的一瞬间就清晰无气泡、无流动，则说明制冷剂太多。

2）通过检查系统压力检查制冷剂的数量。连接歧管压力表，将歧管压力表的高低压开关全部关闭，当室温在 30～35℃范围，发动机加速到 1500～2000r/min 保持稳定时，将空调温度调到最低，同时将风速开到最大，此时歧管压力表高压侧读数应为 1.4～1.6MPa，低压侧读数应为 0.15～0.25MPa。

二、检查制冷剂渗漏

1. 真空检漏

起动回收/净化/加注设备的真空泵，抽真空至系统真空度低于 -90kPa。关闭歧管表阀门，停止抽真空，并保持真空度至少 15min，检查压力表示值变化。

1）如压力未回升，则进行微小泄漏量的检查。

2）如压力回升，则继续抽真空，若累计抽真空时间超过 30min，压力仍回升，则可以判定制冷装置有泄漏，应检修制冷装置。

2. 微小泄漏量检漏

选择以下适宜的方法进行微小泄漏量的检漏。

（1）电子检漏　制冷装置中充入 0.5～1.5MPa 的氮气或 0.35～0.5MPa 的制冷剂（以检漏设备要求的介质压力为准），采用相应的制冷剂检漏设备进行检漏，应反复检查 2～3 次。

（2）加压检漏　用加压设备在制冷装置中充入 1.5MPa 的氮气，保持压力 1h，若压力表示值下降，则制冷装置存在泄漏，应在各接头处和可疑位置涂抹肥皂水做进一步检查。

（3）荧光检漏　制冷装置中充入含有荧光剂的制冷剂，运行 10～15min 后，用紫外线灯照射各接头处和可疑位置，如有黄绿色或蓝色荧光，则说明该处存在泄漏。

3. 补漏

通过检漏操作确定泄漏点后，应进行补漏，重复进行微小泄漏量检漏，直到确认制冷装置无泄漏。

三、制冷剂的排放、抽空与充注

1. 制冷剂的排放步骤（图 7-29）

1）安装歧管压力表。

2）慢慢打开高压手动阀。

3）慢慢打开低压手动阀。

4）观察冷冻润滑油。

> **注意：** 直接将制冷剂排放到大气中会污染环境。排放时，周围环境一定要通风良好，不能接近明火，否则会产生有毒的气体。应使用制冷剂回收机回收制冷剂。

2. 制冷剂的抽空步骤（图 7-30）

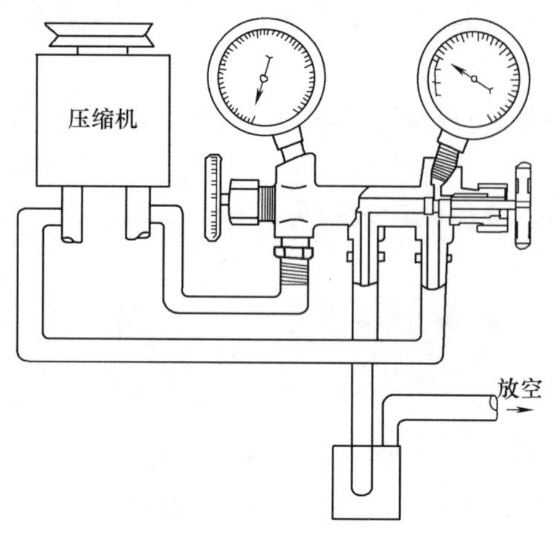

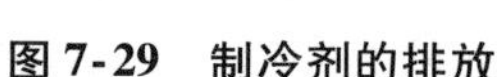
图 7-29 制冷剂的排放

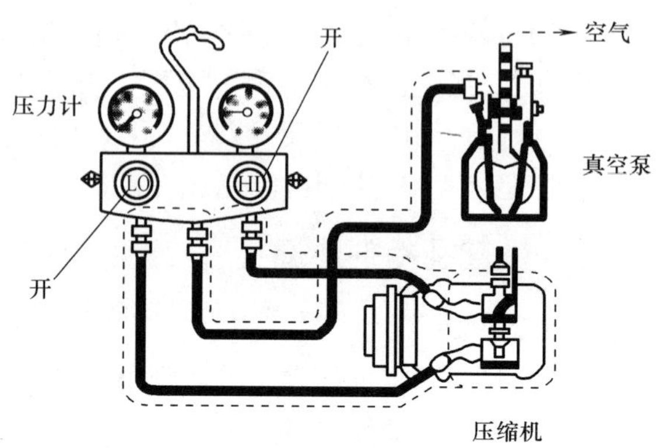

图 7-30 制冷剂的抽空

1）连接歧管压力表和真空泵。

2）开动真空泵，打开歧管压力表的高、低压手动阀。

3）关闭高、低压手动阀，其表针应在 10min 内不得回升。

3. 制冷剂的充注

1）从制冷系统高压侧充入液态制冷剂（图 7-31）。

① 抽真空后，中间软管与制冷剂瓶相连接。

② 将中间注入软管中的空气排出。

③ 开高压手动阀，制冷剂罐倒立。

④ 开低压手动阀，制冷剂罐正立。

2）从制冷系统低压侧充入气态制冷剂（图 7-32）。

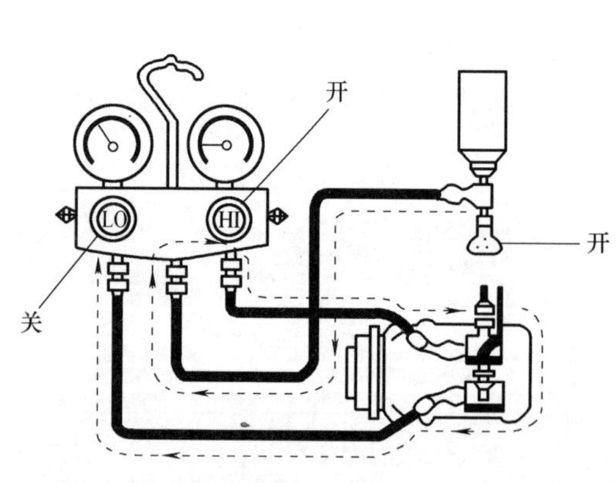

图 7-31 制冷系统高压侧充入液态制冷剂

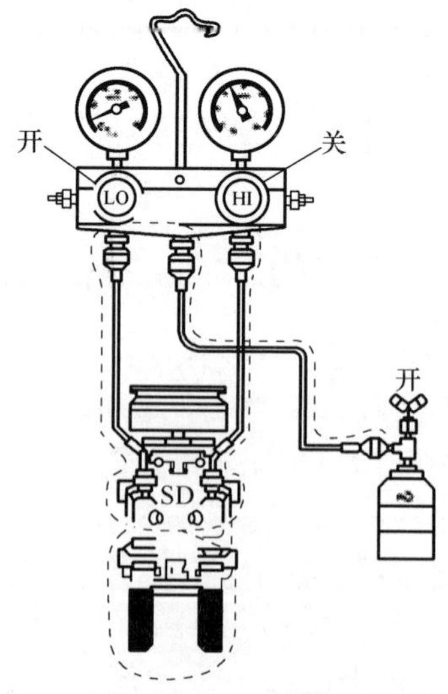

图 7-32 制冷系统低压侧充入气态制冷剂

① 中间软管与制冷剂瓶连接好。
② 中间注入软管中的空气排出。
③ 开低压手动阀，制冷剂罐正立。
④ 起动发动机，打开空调开关。
⑤ 制冷剂继续进入制冷系统。

项目八

汽车售前维护

项目任务书

项目名称	汽车售前维护
学习目标	1. 掌握汽车售前维护的内容 2. 掌握汽车售前检查的要求 3. 掌握汽车的路试要求
教学重点	学会对汽车售前的各项内容进行检查
技能目标	掌握汽车售前维护的各项步骤流程及要领
情感目标	通过售前维护角色扮演法的学习，培养学生积极学习、严谨操作的学习态度，使学生更加直观地掌握售前维护的要领，并在任务中渗透安全、规范、文明操作及保护环境的要求
教师活动	1. 讲解、示范作业流程、操作步骤、技术规范和安全注意事项 2. 在实训过程中，检查、指导和纠正学生实训中的错误 3. 讲解与实训项目相关的知识，不但让学生掌握操作规范，还要让他们知道操作的意义，做到对知识融会贯通
学生活动	1. 学生可以单独训练，在任何一辆汽车上掌握汽车售前维护的内容 2. 完成 PDI 检查单
自我评价	○ 优　○ 良　○ 及格　○ 不及格

项目情境

经过将近一个月的苦苦等待，李先生购买的新车终于到了当地 4S 店，李先生满怀欣喜地来到 4S 店准备提车，却被告知还需等待些许时候，这是为什么呢？新车还要进行哪些性能检查或维护吗？

项目描述

通过物流公司配送的新车不可以直接交付给客户使用，这是因为为了保证运输、仓储的需要，新车在物流配送时，会在悬架上安装运输锁块且蓄电池另行配送等，所以汽车时钟、音响、自动空调等电气设备需要重新进行设置才能正常投入使用。因此，为了保证用户拿到手的新车在各个方面都能满足使用要求，在新车交付车主之前，4S 店应当进行售前检查与维修。

一、PDI

为确保所有新车的外观及性能在交付到客户手上时都符合出厂标准而所进行的一系列检查与调整，叫作售前检查，简称 PDI（Pre Delivery Inspection）。

二、售前检查的内容

一般售前检查（PDI）项目包含以下内容：

1）检查蓄电池空载电压和负载电压。

2）检查蓄电池电缆紧固情况。

3）检查冷却液、风窗玻璃清洗液、发动机润滑油、制动液、转向系统液压油等的液位。

4）目测和检查发动机及发动机舱是否存在渗漏和损坏。

5）拆除前后悬架运输锁块。

6）目测车辆底部是否存在渗漏和损坏。

7）检查轮胎气压（包括备胎）。

8）检查车轮螺栓拧紧力矩。

9）检查、安装熔丝。

10）检查所有开关、电气设备、仪表及驾驶人操作系统。

11）调整时钟。

12）输入防盗码，激活收音机/导航系统功能。

13）设置组合仪表语言显示。

14）前排乘员侧安全气囊开关处于开启（ON）位置。

15）检查所有控制单元故障记忆。

16）拆除座椅保护套及地毯塑料保护膜。

17）检查车辆内部是否清洁，包括前后座椅、内部装饰件、地毯、脚垫和车窗等。

18）安装车轮罩盖/装置帽、车顶天线、电话天线等。

19）拆除车门保护块。

20）检查车辆外部是否清洁，包括油漆、装饰件、车窗及刮水器等。

21）检查风窗玻璃清洗喷嘴喷射角度及位置。

22）检查钥匙标牌上的钥匙号/认证号胶贴是否完整、清晰。

23）在维护胶贴上填写下次维护日期及更换制动液日期，将该胶贴粘贴在仪表板左侧或车门 B 柱上。

24）在维护手册中填写交车检查的有关内容。

三、售前检查的步骤

1. 准备工作

安装转向盘套、座椅垫及脚垫（图 8-1）；打开发动机舱盖，确认支撑正常（图 8-2）；

安装翼子板防护布（图 8-3）。

图 8-1　安装转向盘套、座椅垫及脚垫

图 8-2　打开发动机舱盖

2. 检查蓄电池

1）检查蓄电池外观，如图 8-4 所示。

图 8-3　安装翼子板防护布

图 8-4　检查蓄电池外观

2）检查蓄电池电量，如图 8-5 所示。

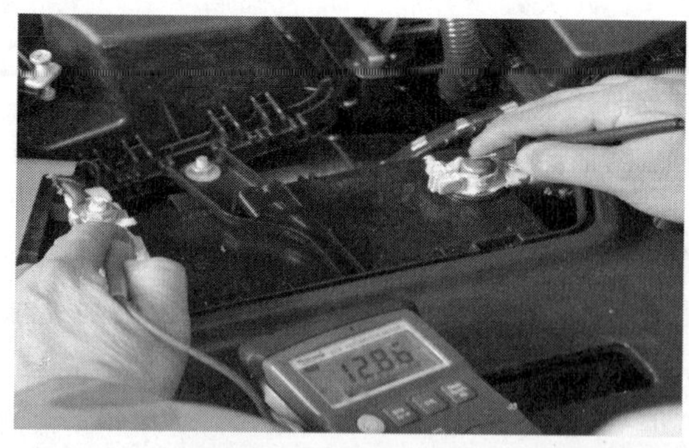

图 8-5　检查蓄电池电量

3）检查蓄电池夹子，如图 8-6 所示。

4）检查蓄电池状态，如图 8-7 所示。

根据目视三个指示灯颜色、密度和充电量，来检查蓄电池状态。

3. 检查发动机和发动机舱

1）目视检查发动机及发动机舱是否存在渗漏及损坏。

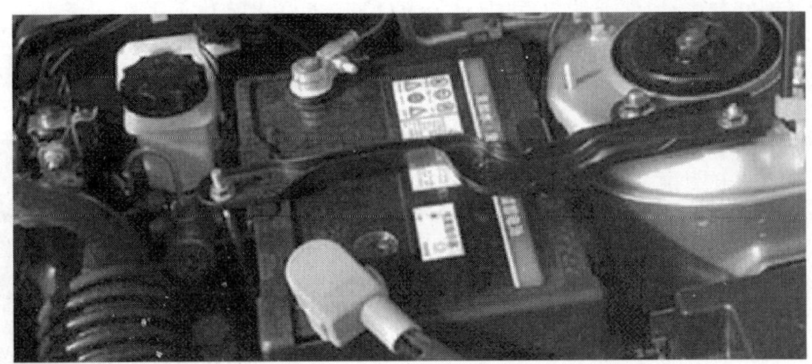

图 8-6　检查蓄电池夹子

① 检查燃油供给系统。

② 检查冷却及加热系统。

③ 检查制动系统。

2）检查冷却液液位。发动机冷机状态时检查冷却液液位。

发动机在冷机状态时，发动机冷却液液位应在 max 和 min 刻度线之间，如图 8-8 所示。

图 8-7　检查蓄电池状态

图 8-8　检查冷却液液位

3）检查机油液位（图 8-9）。

4）检查制动液液位（图 8-10）。制动液液位应在上下刻度之间。

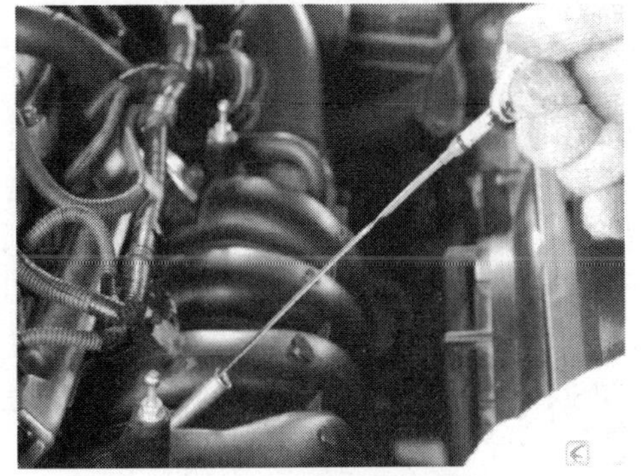

图 8-9　检查机油液位

图 8-10　检查制动液液位

5）检查转向助力系统液压油（助力油）液位，如图 8-11 所示。

4. 检查所有灯光、信号及其他电气开关的功能

（1）检查车内外灯光

1）两技师配合，一人在车内操作开关，一人在外面检查下列元件功能：前照灯、前雾灯、尾灯、后雾灯、倒车灯、制动灯、转向灯、报警灯、驻车灯等（图 8-12）。

2）车内技师一边操作开关，一边检查仪表盘照明及相关指示灯（图 8-13），车内照明及车内灯自动关闭功能，杂物箱照明、烟灰缸照明、点火钥匙照明灯的工作情况。检查警报蜂鸣器（提示有照明灯未被关闭）、副仪表盘上的所有开关、驾驶员信息系统（FIS）、组合仪表上的所有显示器、计数器、指示灯及照明和喇叭的工作情况。

图 8-11 检查转向助力系统液压油（助力油）液位

图 8-12 检查灯光

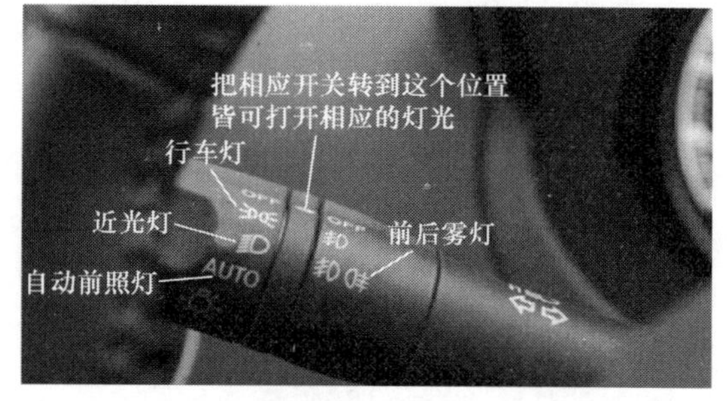

图 8-13 检查仪表盘照明及相关指示灯

3）车外技师检查行李箱照明情况。

（2）检查所有电气设备、显示器、驾驶员操作控制系统功能

1）检查风窗玻璃清洗功能。开启风窗玻璃清洗开关，查看刮水器的联动功能是否正常，查看喷嘴喷射角度及位置是否正常（必要时用专用工具调整）。

2）检查前照灯清洗系统、点烟器、电动外后视镜（图 8-14）、电动车窗升降器、电动太阳能天窗、中央门锁系统、电动座椅调节、座椅加热及收音机的功能是否正常。

（3）检查、激活电动车窗升降器单触功能　断开蓄电池连接后，电动车窗升降器单触功能可能会消失，可按以下步骤激活电动车窗升降器单触功能。

1）打开点火开关。

2）用电动车窗升降开关将车窗完全打开。

3）再次使用电动车窗升降开关关闭车窗，车窗完全关闭后将开关保持在该位置 1s 以上可激活单触功能（图 8-15）。

（4）调整数字式时钟　因车型不同，数字式时钟调整方法也各异，下面以新宝来仪表盘数字式时钟的调整方法为例进行介绍。

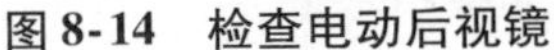

图 8-14　检查电动后视镜

图 8-15　检查车窗升降器

按一下仪表盘左下角的菜单按钮，进入小时调整模式，显示器显示的小时值开始闪烁；按仪表盘右下角的回零/调整按钮（0.0/SET）调整小时数，每按一下该按钮，小时显示值增加 1h。调整完成小时显示值后，按一下菜单按钮，进入分钟调整模式，分钟显示值开始闪烁；用回零/调整按钮（0.0/SET）调整分钟数，每按一下该按钮，分钟显示值增加 1min。

按压刮水器操纵杆端部的跷板开关，调出时钟显示功能（这个开关不能用于调整时钟）。

> **注意：** 在点火开关关闭的状态下也可以调整时钟，同时，无论显示屏显示的是不是时钟功能，按菜单按钮都可以激活时钟调整模式。

（5）检查、设置空调系统功能（图 8-16）

1）起动发动机，按照使用说明书检查空调的所有功能。

2）检查两个显示区是否均已设置为 22℃，若没有，则按下自动按钮“AUTO”用“+”/“-”按钮分别将两个显示区温度设置为 22℃。

（6）激活收音机系统功能（输入防盗码）（图 8-17）　一般汽车收音机系统具有防盗功能，其防盗码为固定码。不同汽车操作方法不一样，奥迪汽车可按下述方法操作。

图 8-16　检查、设置空调系统功能

图 8-17　激活收音机系统功能

1）打开收音机或导航系统。

2）同时按下“TP”及“RDS”按钮并保持住，直至显示区显示“1000”后再松开按钮。

3）用收音机存台按钮“1”至“4”分别输入固定码的第 1 至第 4 位数字。

4）同时按下“TP”及“RDS”按钮并保持住，直至频段显示区显示“SAFE”后松开按钮。

5）很快将会有一个频率自动显示出来。

本方法适用于装有“合唱队”（Chorus）、“音乐会”（Concert）、“交响乐”（Symphony）音响系统的车辆。

（7）激活导航系统功能（输入防盗码） 装有导航系统的车辆可按照下述方法进行操作：

1）同时按下“NAVIGATION”及“DISPLAY”按钮并保持，直至固定码（防盗码）输入界面显示出来再松开按钮。

2）利用旋转/按压开关在数字行中选中正确数字并通过按压该开关确认。

3）各位数字输入完成后。利用旋转/按压开关选择“OK”并通过按压该开关确认。

4）如果输入完全正确，该系统将进入正常工作状态。

（8）设置组合仪表语言显示 因车型不同，组合仪表设置语言也各异，下面以大众车型为例进行介绍。

连接诊断仪，选择快速数据流诊断，再选择17-组合仪表控制系统，并选择10-通道调整匹配，输入通道号匹配新的语言设置。不同语言的通道号分别为：

00001 德语

00002 英语

00003 法语

00004 意大利语

00005 西班牙语

00006 葡萄牙语

00008 中文（宝来车型为00009）

（9）维护周期复位 连接汽车故障诊断仪VAG1552或VS5051，选择地址码17，选择自适应功能10，选择自适应通道02，输入自话应值“00000”，使维护周期复位。

（10）检查所有控制单元故障记忆情况 连接汽车故障诊断仪VAG1552或VS5051，选择地址码00，对所有电控单元读取故障码，若有故障码应修复故障。

5. 检查轮胎

1）检查轮胎螺栓，如图8-18所示。用工具将各轮胎螺栓按交叉（分对角）的顺序紧固到120N·m。

2）检查轮胎气压，如图8-19所示。厂商提供的车辆胎压一般为0.35MPa，售前检查应将胎压卸至0.22MPa左右，轮胎标准气压规定值请参照油箱盖内侧或车辆右侧B柱上的规定。

6. 检查底盘部分

（1）检查底盘部分有无渗漏及损坏

① 检查汽车底部，如图8-20所示。

② 检查油底壳，如图8-21所示。

③ 检查机油滤清器O形密封圈，如图8-22所示。

④ 检查制动管路，如图8-23所示。

图 8-18 检查轮胎螺栓

图 8-19 检查轮胎气压

图 8-20 检查汽车底部

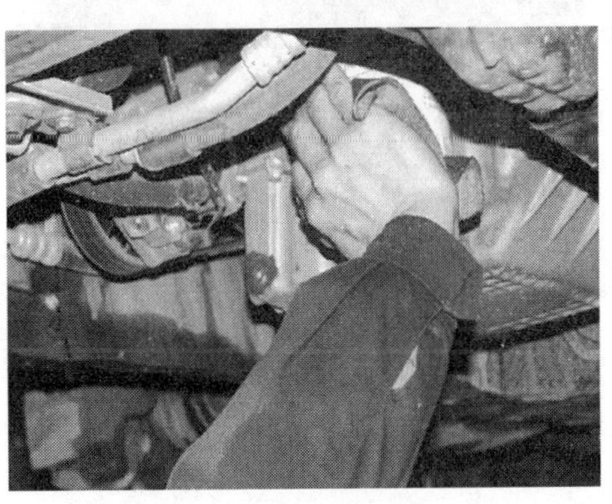

图 8-21 检查油底壳

图 8-22 检查机油滤清器 O 形密封圈

图 8-23 检查制动管路

⑤ 检查减振器，如图 8-24 所示。

⑥ 检查制动分泵，如图 8-25 所示。

⑦ 检查球笼防尘套，如图 8-26 所示。

⑧ 检查变速器油底壳，如图 8-27 所示。

⑨ 检查半轴油封，如图 8-28 所示。

（2）拆除悬架运输锁块　某些车型其前后悬架装有运输锁块，可通过车内后视镜上的警告标物价签来确认。

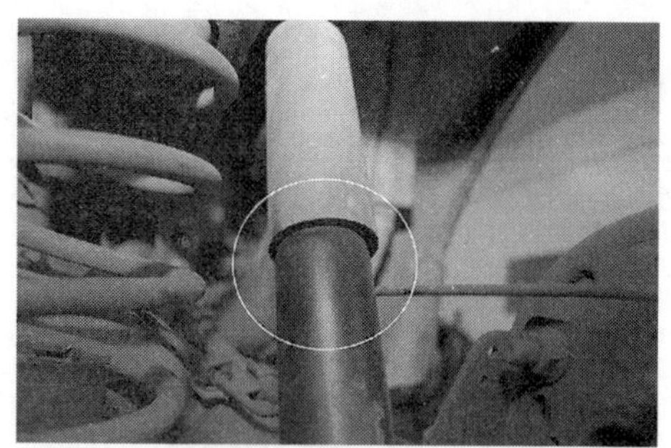

图 8-24 检查减振器

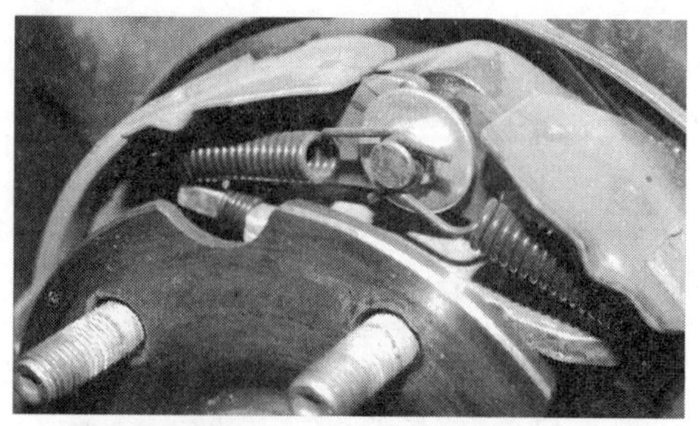

图 8-25 检查制动分泵

图 8-26 检查球笼防尘套

图 8-27 检查变速器油底壳

7. 路试及清洗车身

(1) 路试检验

1) 路试时检验发动机的输出功率、点火连续性、怠速性能和加速性能是否正常。

2) 操纵离合器时检查起步性能是否良好，踏板力是否合适及操作时有无异味等。

3) 换档时查看换档是否轻便、平顺，是否有异响及变速杆位置是否准确等。

图 8-28 检查半轴油封

4) 对于自动变速器要检查变速杆位置是否正确、换档过程是否平顺、锁止功能是否正常、组合仪表的显示是否正确、档位是否齐全等。

5) 检查制动踏板及驻车制动功能、自由行程是否正常，制动时是否跑偏、磨损、有噪声等。

6) 紧急制动时 ABS 功能是否正常，当 ABS 起作用时制动踏板应能感到有规律的跳动。

(2) 清洗车身 按照车身清洗的标准步骤对车身进行清洗。

行动领域

请对车辆进行汽车售前维护，并填写汽车售前 PDI 检查单（表 8-1）。

表 8-1　售前车辆检查单

<table>
<tr><td>检查序号</td><td></td><td>检查日期</td><td>年　月　日</td><td>底 盘 号</td><td></td></tr>
<tr><td>车辆编号</td><td></td><td>车辆颜色</td><td></td><td>所在库位</td><td></td></tr>
<tr><td>发动机号</td><td></td><td>合格证号</td><td></td><td>保修卡号</td><td></td></tr>
<tr><td>车型代码</td><td></td><td>车型名称</td><td colspan="3"></td></tr>
<tr><td rowspan="7">检查所有灯光</td><td colspan="2">□ 危险警告灯</td><td rowspan="7">检查控制功能</td><td colspan="2">□ 音响、时钟设定和收放机功能</td></tr>
<tr><td colspan="2">□ 顶灯、车内灯、行车照明灯</td><td colspan="2">□ 门锁（手动、电动）控制功能</td></tr>
<tr><td colspan="2">□ 行车照明灯开关</td><td colspan="2">□ 喇叭控制功能</td></tr>
<tr><td colspan="2">□ 仪表板灯（全部）</td><td colspan="2">□ 刮水器控制功能</td></tr>
<tr><td colspan="2">□ 牌照灯（全部）</td><td colspan="2" rowspan="2">□ 自动倒车镜控制功能或手动倒车镜转向是否灵敏</td></tr>
<tr><td colspan="2">□ 尾灯</td></tr>
<tr><td colspan="2">□ 行李箱/货舱区灯</td><td colspan="2">□ 驻车制动器是否灵敏</td></tr>
<tr><td rowspan="6">检查发动机舱盖下的机构功能</td><td colspan="2">□ 转向信号指示灯</td><td rowspan="6">检查和加注油液</td><td colspan="2">□ 发动机冷却液</td></tr>
<tr><td colspan="2">□ 空调工作状况</td><td colspan="2">□ 发动机机油</td></tr>
<tr><td colspan="2">□ 蓄电池完好</td><td colspan="2">□ 动力转向液</td></tr>
<tr><td colspan="2">□ 制动管路不漏油</td><td colspan="2">□ 齿轮油（手动和自动）</td></tr>
<tr><td colspan="2">□ 风扇及空调传动带张紧力</td><td colspan="2">□ 制动液</td></tr>
<tr><td colspan="2">□ 电气装置、导线及真空接头</td><td colspan="2">□ 前后风窗玻璃清洗液</td></tr>
<tr><td rowspan="10">外观总体检查</td><td colspan="2">□ 燃油管路不漏油</td><td rowspan="10">试车</td><td colspan="2">□ 变速器操作性能正常</td></tr>
<tr><td colspan="2">□ 变速器润滑油不渗漏</td><td colspan="2">□ 冷热起动正常</td></tr>
<tr><td colspan="2">□ 前后桥润滑油不渗漏</td><td colspan="2">□ 仪表（冷却液温度、机油压力、燃油）</td></tr>
<tr><td colspan="2">□ 检查车门、发动机、行李箱盖</td><td colspan="2">□ 转向和动力转向正常</td></tr>
<tr><td colspan="2">□ 检查所有钥匙</td><td colspan="2">□ 加速性能</td></tr>
<tr><td colspan="2">□ 检查所有地毯、车内附件</td><td colspan="2">□ 空调及通风控制结构正常</td></tr>
<tr><td colspan="2">□ 检查车轮螺母拧紧情况</td><td colspan="2">□ 制动功能</td></tr>
<tr><td colspan="2">□ 前保险杠下部机件状况</td><td colspan="2">□ 检查漆面</td></tr>
<tr><td colspan="2">□ 彻底清洗车内外</td><td colspan="2">□ 提供保修手册使用说明书</td></tr>
<tr><td colspan="2">□ 检查随车工具</td><td colspan="2">□ 检查风窗玻璃和车窗（侧、后部）</td></tr>
<tr><td>技术（检查）人员</td><td colspan="5"></td></tr>
<tr><td>备注</td><td colspan="5"></td></tr>
</table>

参 考 文 献

[1] 曹红兵. 汽车维护 [M]. 北京：机械工业出版社，2012.

[2] 张蒌蒌. 汽车维护 [M]. 北京：高等教育出版社，2010.

[3] 谭本忠. 汽车保养与维护 [M]. 济南：山东科学技术出版社，2012.

[4] 丰田汽车公司. 汽车维护操作 [M]. 北京：高等教育出版社，2006.

[5] 浙江省教育厅职成教教研室. 汽车维护 [M]. 北京：机械工业出版社，2011.

[6] 朱翠艳. 汽车维护保养 [M]. 北京：机械工业出版社，2011.

[7] 夏长明. 现代汽车维护保养 [M]. 北京：机械工业出版社，2010.

[8] 刘猛. 汽车维护 [M]. 北京：北京理工大学出版社，2010.

[9] 王尚军. 汽车维护与保养 [M]. 北京：人民邮电出版社，2010.

[10] 上海景格科技股份有限公司. 汽车维护 [M]. 北京：人民交通出版社，2014.